# 汉语言文学教育与教学方法的创新研究

王玥 著

延边大学出版社

**图书在版编目（CIP）数据**

汉语言文学教育与教学方法的创新研究 / 王玥著
. -- 延吉：延边大学出版社, 2020.12
ISBN 978-7-230-00685-9

Ⅰ. ①汉… Ⅱ. ①王… Ⅲ. ①汉语－教学研究－高等
学校 Ⅳ. ①H19

中国版本图书馆 CIP 数据核字(2020)第 255928 号

**汉语言文学教育与教学方法的创新研究**

------------------------------------------------------------

著　　者：王　玥
责任编辑：李宝珠
封面设计：延大兴业
出版发行：延边大学出版社
社　　址：吉林省延吉市公园路 977 号　　邮　　编：133002
网　　址：http://www.ydcbs.com　　　　E-mail：ydcbs@ydcbs.com
电　　话：0433-2732435　　　　　　　传　　真：0433-2732434
制　　作：山东延大兴业文化传媒有限责任公司
印　　刷：延边延大兴业数码印务有限责任公司
开　　本：787×1092　1/16
印　　张：9
字　　数：100 千字
版　　次：2022 年 3 月 第 1 版
印　　次：2022 年 3 月 第 1 次印刷
书　　号：ISBN 978-7-230-00685-9

------------------------------------------------------------

定价：50.00 元

# 作者简介

　　王玥，现任黑龙江东方学院人文社会科学学部教学主任，副教授。毕业于黑龙江大学汉语言文学专业，获得汉语言文学硕士学位。主讲"现代汉语""应用文书写作""秘书学实务"等课程。

# 内容简介

本书分析了高校汉语言文学专业教学的现状和高校汉语言文学教学方法改革的重要性，并对高校汉语言文学教学方法的改革进行深入研究，为提高高校汉语言文学教学质量提供了重要依据。为了提高我国汉语言文学教学能力，加强学生对汉语言文学的认识，培养学生汉语言文学的应用能力，使更多的外国人学习和认识中国的汉语言文学，学习汉语言文学对提高我国的国际竞争力具有重要作用。只有使学生积极主动地参与到汉语言文学教学中，才能真正地了解与体会汉语言文学的真正意义和文学价值。

# 前　言

　　汉语言文学专业在高校教育中经过多年的发展，也在不断地改革教学方法，本着以学生为主体设置了各种有利于激发学生兴趣、培养学生语言文学能力的教学方法，极大地促进了汉语言文学专业的可持续发展。

　　首先，高校汉语言文学教学方法的改革，使我国汉语言文学在高校的发扬与继承得到了进一步推广。汉语言文学以往传统的教学方法以教师和教学大纲为中心，使学生失去了课堂主体地位，而教学方法的改革使教师仅作为教学课堂的辅助者，学生为教学主体，学生发挥了自身的主体意识，积极主动地参与到教学中，对提高汉语言文学的教学效率具有重要意义。

　　其次，高校汉语言文学教学方法的改革，突破了以往传统教学的局限。教学以培养学生的实际应用能力为主，学生在实践中学习，通过结合生活实践，学生掌握了汉语言文学的表达技巧，提高了学生的语言表达能力和写作能力。学生在实践中得到锻炼，对培养学生分析和解决问题的能力很重要。

　　再次，高校汉语言文学教学方法的改革，使学生们在教师的指导下对教学内容进行研讨、分析，掌握了更广泛的汉语言文学知识。这不仅提高了学生探究问题的能力，还丰富了学生对汉语言文化知识的认识，对提高学生的文化底蕴和文学素养具有重要作用。

　　最后，目前高校汉语言文学开设的课程主要有现代汉语、古代汉语、语言学概论、中国古代文学、中国现代文学、外国文学、中国当代文学、美学概论、影视概论等课程，这些丰富的汉语言文学课程通过对汉语言的发展历史进行研究与学习，还对中外文学进行比较学习，极大地丰富了学生的文学知识，不仅能够提高学生的人文素养还具有较强的实用性。因此，通过教学方法的改革使学生对汉语言文学产生浓厚的兴趣，对我国培养高素质综合型人才具有重要意义。

# 目　录

# 第一章　汉语言文学教育现状

## 第一节　汉语言文学教育存在的问题

汉语言文学的教学质量直接影响学生的汉语掌握程度。目前，我国高校在汉语言文学教学过程中，依然采用传统的教学模式，有时难以满足社会发展的需求。随着社会的发展，社会人才战略观念和教育观念也随之发生了变化，这对传统的汉语言文学教育无疑是个挑战。尽管汉语言文学专业在我国高校中分布广泛，但教学过程中依然存在着各种问题。探讨汉语言文学教学中存在的问题及对策，在一定程度上能够推动我国高校汉语言文学教学的发展和进步。

### 一、汉语言文学教学课程中存在的问题

#### （一）课程教育过程中的教育理念模糊

一些汉语言文学教师缺乏正确的教学理念，未充分掌握教学的主要内容，难以在教学过程中明确汉语言文学的教学方向，不利于提升学生的综合文化素养。随着新课改的不断施行，很多教师对原有的教学模式进行了调整，获得一定成效。但是，也有一部分教师没有对教学模式进行深入研究，限制

了汉语言文学教学的进一步发展。

## （二）缺乏完善的课程教育体系

汉语言文学教学的课程教育体系不够完善，课程内容设置不够合理，难以满足人才发展的需求。在新课改的推动下，高校应该构建完善的课程教育体系，并充分掌握课程中的内部结构。

## （三）理论与实际应用难以结合

汉语言文学教育在一定程度上推动了我国社会的发展。在新课改的推动下，教师不断地充实自我，丰富自身的理论知识，这对教师革新教学模式有很好的促进作用，同时也提高了教学成效，并在教学过程中积累了很多宝贵的教学经验。但是，依然存在理论与实际应用难以结合的现象。在汉语言文学教学过程中，教师始终重视理论知识，而忽视了实际应用，导致学生不能充分发挥自身的主观能动性。

# 二、汉语言文学教学中采取的措施

## （一）明确汉语言文学的教学理念

只有教师明确汉语言文学的教学理念，才能推动汉语言文学教育的深入发展。第一，教师应该提升自身的教育理念，不断更新教学内容，满足学生发展的需求；第二，教师应该将汉语言文学的教育理念贯穿课堂始终，不断提高学生的文学素养；第三，在教学过程中，教师还应该有效掌握课堂教学的方向，梳理出清晰的教学思路。

## （二）完善汉语言文学课程结构体系

汉语言文学教育在一定程度上能够推动社会的进步与发展，能够创造出更大的社会效益。因此，完善汉语言文学课程结构体系很有必要。一方面，在汉语言文学的教学过程中，教师应该正确引导学生，以学生作为课堂的中心，充分调动学生的主观能动性，使他们能够积极地投入到课堂中；另一方面，教师还应该为学生营造良好的学习环境，开阔学生的视野，激发学生的学习热情，提高教学成效。

## （三）加强理论与实际应用相结合

只有将理论与实际应用相结合，才能更好地推动汉语言文学教学的有效开展。一方面，教师不仅要注重理论知识学习，还要高度重视实际应用能力。在汉语言文学教学过程中，教师应该把课堂中所学的理论知识与实际工作中的内容相结合，只有这样，才能让学生充分掌握教学的相关内容，并将其合理地应用到实际工作中去，为学生今后的工作奠定基础。另一方面，教师还应该充分掌握学生的学习状况，注重学生在学习中提出的反馈建议，并对其进行分析，这样有利于教师及时调整原有的教学方法和手段，从而树立正确的教学思想。

## （四）提高汉语言文学教师的专业素养

高校应提高汉语言文学教师的专业素养，提升教师的教学技能。第一，高校应该定期组织教师参加培训活动，丰富他们的理论知识；第二，教师要改变传统的教学手段，更新教学方式，培养学生的独立自主能力，与学生进行良好的互动，营造轻松活跃的教学环境，激发学生的学习热情，让学生积极投入到课堂中去；第三，教师还应该善于应用全新的教学策略，如开展小组合作学习或者进行在线互动等，这不仅能够提高学生的学习成效，还能在一定程度上满足学生的需求。

# 第二节　汉语言文学教育的创新研究

汉语言文学教育具有较强的实用性，但目前仍存在教育课程理念陈旧、课程安排结构混乱、教师专业技能不过硬、教学知识实用性不强等问题。切实分析汉语言文学教育发展中的问题，不断进行探索，并把汉语言文学教育的创新研究放在教育工作的重要位置上，对汉语言文学教育有重要意义。

## 一、研究的目标与意义

### （一）目标

汉语言文学创新必须以教育创新为发展基石，对汉语言文学教育进行创新研究的首要任务就是对创新人才进行培养，加强汉语言文学教育创新实践，建立创新性管理体系。发展汉语言文学教育创新，一方面是为了树立教师与学生的创新意识，培养大量的创新型人才作为教育创新的人才支撑；另一方面有利于培养师生的创新思维。创新思维是培养创新意识的前提，学校管理者要转变传统的思维模式，改变陈旧的管理模式。

### （二）意义

发展汉语言文学教育创新的意义在于巩固并增强汉语言文学在国际教育中的地位。汉语作为中华文化的载体具有重要的意义，我们应抓住经济全球化为汉语言文学的发展提供的契机，加强汉语言文学发展的改革与创新，加大汉语言文学教学创新的力度，开阔汉语言文学教育的空间。

从汉语言文学教育现状来看，教学思想的落后以及教育体系的陈旧是导致当前汉语言文学教育质量低下，阻碍学生能力发展的主要因素。在这样的情况之下，要想改善现状，有效提高当前汉语言文学教育质量，促进学生能力全面提升，为社会发展培养更多的优秀人才，应采取适当的措施来进行汉语言文学教育的创新，为社会发展提供源源不断的人才动力。

汉语言文学专业的教育，一方面要注重提升学生的汉语言文学功底，提高学生的文学素养；另一方面，也应当从学生今后所要从事的教育行业着手，提高师范类学生的教学能力。只有这样，才能够保证汉语言文学专业学生能力的全面培养和提升，培养出更多优秀人才，为学生今后就业打下基础。结合专业教学的实际情况以及学生发展的具体需求，进行汉语言文学教育创新，构建创新型教育体系，成为当前汉语言文学教育的重点目标。

## 二、更新教学思想

在汉语言文学教育创新体系构建的实际过程中，更新教学思想是最基本的要求。在传统应试教育的教学思想影响下，汉语言文学教育都是围绕如何提高学生的应试能力、保证学生考试成绩提升来展开的。一味地遵照考试题目来进行知识的学习，这样不仅限制了学生知识面的拓展，同时也在无形之中使得学生形成了固定的考试思维模式，限制了学生创新思维的形成与发展。因此，要构建汉语言文学教育创新体系，首先要做的事情就是采取适当的措施来更新教学思想。学校应增强师资队伍建设，为专业教育注入新的血液，带来更多创新的想法。

## 三、优化课程设置

在课程设置方面，汉语言文学教育的课程设置主要是偏向学生语言能力的培养与提升，而没有重视学生师范能力的发展，同时也忽略了学生创新思维、创新能力的培养与发展。在这样的情况下，学校就应当采取适当的措施来优化课程设置，确保专业教育课程设置的科学性、合理性，提高课堂教学质量，保证学生综合素质的提升。专业课程的设置应当重视学生创新能力的培养，因此，学校应当适当地增设一些具有创新性的教学课程，将一些创新的观点以及创新的语言表达方式融入实际课堂教学。

## 四、提高实践能力

汉语言文学专业的教育体系构建应当重视学生实践能力的提高，只有在保证学生实践能力提高的前提下，学生在遇到问题时才能够快速地应用自身所学的专业知识来解决问题，这充分表明了提高学生的实践能力在汉语言文学教育过程中的重要性。学校应当与更多的企业机构合作，为学生争取更多的实践机会，为学生提供更好的实践平台，让学生能够充分进行实践，在实践的过程中提高学生对专业知识的理解与运用，同时有效发散自身的创新思想。汉语言文学教育创新是保证当前汉语言文学教育专业发展的首要前提。因此，学校应当采取适当的措施更新教学思想，优化课程设置，提高学生的实践能力，通过一系列的措施来实现课程教学的创新，培养发展学生的创新思维和创新能力，保证学生能力的综合发展。

# 第三节　语文教育与汉语言文学教育

在人生的各个教育阶段中，语文的学习是一门非常重要的基础性课程，它是培育学生文学素养的关键环节，也是提高学生写作能力与阅读能力的基础环节。在大学阶段，汉语言文学也是大学文科教学的重要教学内容之一，也是语文教学的一部分。随着教育制度的改革，语文教育与汉语言文学教育，不仅是提高整体教育水平的基础，也是文化发展的基础。

语言是一种自然形态下的交流形式，也是人类表达思维的主要方式，生活中交际所应用的语言被称为口语，它有声音的特质。而中国语言文学产生后，文字成为一种书面语。因此，语言也是口语与书面语的总称，它是人类重要的交流媒介。在语文教育中，它是通过语言来展开的教学形式，也是一种语言类文学，包括写作、阅读等方面的内容，将语文教学与汉语言文学共同应用在提高学生文学素养中，以此来提高它们的应用价值。

## 一、语文教育的重要性

语言是一种交际工具，具有信息传递的能力。在人们交流的过程中，可以利用语言将自己心中所想表达出来，它也代表着人们思维的反应能力。因此，在语文教学过程中，学生可以通过提高自身的口语交流能力及表达能力，在良好表达的过程中，提高自己的思维反应能力。从一定程度上来说，语文也是提升学生智力的重要工具。在语文课堂教学中，不仅要求学生掌握语言、利用语言，还要提高学生的综合素质，为学生奠定好国民教育与文明教育的基础，将母语的延续作为根本，提高汉语在国际语种中的地位。因此，语文教育是终身教育，贯穿我们日常学习和生活的方方面面。

## 二、语文教育与汉语言文学教育的关系

语文教育作为学生学习汉语言文学的基础，不但可以培养学生的写作能力、阅读能力，还可以提高学生的文学素养。现今，汉语言文学教育是大学教育开设的一门重要课程，为我国语文教育的拓展奠定了坚实的基础。在

汉语言文学教育中，它不仅是在深入研究语文教育，还在为语文教育的发展提供优质的教师资源。语文教育是学习汉语言文学的基础与关键环节，语文教育与汉语言文学相互促进、共同发展。

## 三、汉语言文学教育的特色

汉语言文学承载着深厚的文化精神与文化发展过程，是历史发展的见证者，也是承载者，它体现着人类社会生存与发展的意义。作为传统文化的传承者，从专业教育的角度来看，汉语言文学教育更加注重培养学生的人文素养，将教育的本质及实用性充分地发挥出来，成为教育专业的实践目标及追求，更加突显人文观念及精神文明；汉语言文学教育，不注重直接创造出的经济效益，而是注重社会效益，它永远将社会利益放在首位，更加突显出它的社会价值与文化素养。随着我国教育的不断创新与发展，汉语言文学教育不仅弘扬优秀传统文化，也积极地与社会需求接轨，积极地创新与改革。

## 四、语文教育与汉语言文学教育的应用与发展策略

### （一）提高综合实践能力

任何阶段的教育都是以为社会提供人才为最终目的。因此，不论是语文教育还是汉语言文学教育，都以提高学生的综合素质能力为主，以适应社会发展的根本需求。两者虽有本质区别，但也有共同之处。总体而言，汉语言文学教育是属于语文教育，它们是有相通之处的，如教学理念、教学内容、教学理论等。这些相通之处能够丰富学生的视野，让学生展现积极的精神面貌。此外，在实践中将语文教育与汉语言教育的共同点发挥出来，有利于挖掘学生的实践能力。语文教育与汉语言文学教育在培养学生实践能力这一

方面是非常一致的，并体现在学生对文学作品的爱好与探索中。因此，高校应加强语文教学与汉语言文学教学的课堂实践性，建立语文教育与汉语言文学教育的共同目标，以此来不断创新实践能力的结合与发展模式，实现语文教育与汉语言教育的衔接目的，同时提高专业学生的应用能力。

## （二）结合多媒体技术，提高语文教育与汉语言文学教育的应用与发展

随着科学技术的进步与发展，多媒体教学已被广泛地应用在教育过程中。多媒体教学形式及活动也随之开展起来，将多媒体教学形式与汉语言文学教育相结合，对教育事业的发展具有重要意义。因此，语文教育可以利用多媒体技术，在汉语言文学教育中提取更多的教育素材与内容，实现新形势下的教育目标。在现代化的教育中，教学应重视培养学生的创造性思维；教师也应从自身入手，与时俱进，树立先进的教育观念，掌握现代教育手段，创新教学形式，培养和提高学生的逻辑思维，通过多媒体传播方式，为学生寻找更加新颖的素材。在教学中，重视对学生人文关怀的教育，充分体现人文气息与人性光辉，不断提高学生的人文素质及人文品格，陶冶学生的情操，丰富学生情感世界，提高学生的综合素质。

语文教育与汉语言文学教育的最终目标都是培养人才，提高学生的综合素质与实践能力，使其能更好地适应社会发展的需求。因此，从教育理念、教学方式、教学内容上入手，共同提高学生的自主学习能力，应用现代化技术，挖掘学生的思维能力。强化两者之间的联系，共同提高学生的文化素养。

# 第四节　汉语言文学教育与人文素质教育

在语言文学教育中，汉语言文学是一门非常重要的学科，它对培养学习者素质和形成正确的价值观念起到了不可取代的作用。因此，注重汉语言文学教育，对促进我国社会进步和发展具有重要意义。基于此，我们应积极探究汉语言文学中人文素质教育的重要性，并提出有效融合人文素质教育和汉语言文学对策，以培养出更多集专业技能和高素养于一身的优秀人才。

汉语言文学教育有助于加强学习者的内涵和素质，有助于树立正确的价值观，提高综合素质。但结合实际情况来看，在通过汉语言文学教学培养学习者人文素养的过程中还存在很多问题，如何妥善解决这些问题，是我国广大教育者需要探讨和研究的课题。

## 一、汉语言文学教育中实施人文素质教育的必要性

### （一）有助于提高人文素养

开设汉语言文学课程既有利于提高学习者系统学习汉语言知识的能力，也有助于培养学习者的人文素养。各大高校招生规模日益扩大，学生所面临的就业压力也越来越大。用人企业不但要求应聘者具有一定的理论知识技能，还要求其具有一定的综合能力，特别是操作能力和解决问题的能力。学习者想要在竞争激烈的人才市场上立足，必须要具有较强的人文素养，这样才能在众多应聘者中脱颖而出。在汉语言文学教学过程中，教学者要有目的、有意识地培养学生的分析能力和解决问题能力，并锻炼他们的写作能力。

### （二）有助于培养人文情怀

高尚的人文情怀和一定的审美能力，是一个人优质生活的重要体现。同

时，高尚的人文情怀有助于提高人们对生活和工作的热情，激励人们怀有一颗积极向上的心来工作和生活。高尚的人文情怀可以通过阅读优秀的文学作品来培养。

## 二、汉语言文学教育中学生人文素质培养的现状

### （一）缺乏健全的人格

当前，部分学生对社会中的是非善恶缺少理性的思考和判断，缺乏独立的思想。再加上受到西方外来文化的影响，导致很多不文明、不良的举动在学生的生活和学习中频繁出现，严重影响了他们的健康成长。此外，心理承受能力差、意志薄弱等特点使一些学习者在生活遇到各种困难或者接受一些打击后萎靡不振，甚至走上犯罪的道路。

### （二）忽视了人文素质的培养

当前的汉语言文学教学方式难以满足教育教学的需求。原本的教学模式过于注重传授理论知识，忽视了对知识技能运用能力的培养，也忽略了人文素质的培养。在新媒体时代背景下，学生的汉语思维受到多媒体技术的影响，教师应该高度注重新媒体与汉语言文学的融合，强化课堂中师生间的互动，营造良好的课堂气氛，注重培养学生正确的思维方式。在对学生进行理论知识传授的基础上应注重培养学生的分析能力，将汉语言文学与实际生活密切结合，加强学生的人文素质，扭转当前教学中注重理论知识传输、忽视人文素质培养的问题。

## 三、汉语言文学教育与人文素质教育相结合的对策

强化学生人文素质教育，有利于学生全面健康发展，有效解决当前部分

学生存在的心理问题，为学生重拾学习信心、确立奋斗目标奠定了坚实基础。在汉语文学教育过程中，汉语言文学是一门重要的学科，可以帮助学生更好地继承传统文化，并积极践行社会主义核心价值观，在了解和学习我国传统文化下，丰富自身知识体系，树立正确的价值取向。

## （一）营造良好的人文环境

汉语言文学教育既需要在课堂中进行，也要在课堂外积极开展。教学者应大力支持和鼓励学习者自发成立汉语言文学组织、诗歌社团等，使其在参与活动中探讨和运用汉语言文学知识。教师可以组织一些文学创作比赛和朗诵诗歌的活动，让学生在参与过程中感受汉语言文学的独特魅力。在教学中，教师还要注重培养学生的汉语言文学素质，强化学生的综合水平，更好地引导学生实现自我价值。

## （二）注重教师教学培训

教师的教学能力关系到学生的学习热情。例如，中央电视台的《百家讲坛》节目受到了广大观众的喜爱，除了观众对历史与人文知识感兴趣以外，也与教授们精彩的讲授有很大关系。对汉语言文学教育来说，要提高学生的学习热情，就需要选择一批具有高素质、高水平的教师来校任教。教师自身必须要具有较强的文学素养，对汉语言文学有深层次的了解，才能很好地掌握语言文字，并在课堂上吸引学生的注意力。想要做到这些，教师就必须经常学习，不断丰富自身的知识体系，定期或者不定期参加教学培训。同时，学校还要经常聘请一些汉语言文学专家到学校进行演讲，提高教师的教学水平。

## （三）选择优秀教师任教

课程教学质量的高低与教师教学水平高低有着很大的关系。不同教师讲授同一篇文章，其效果是不同的。选择优秀的、专业素养强的教师可以提高学生的学习热情，强化课堂教学效果，提高课堂教学效率。优秀的教师所带出的学生多半也是优秀的，因此，想要提高学生的人文素养和综合能力，选择优秀的教师来任教是十分必要的。在这样的情况下，高校应在招教标准上严格要求和把关，确保可以招进来更加优秀的汉语言文学教师，进而为提高学生的人文素养奠定基础。

## （四）结合实际情况选择具体的教学内容

大多数高校都将汉语言文学这门课程设置成选修课，要想激发学生的学习兴趣，首先就要从教学内容入手。对此，教师需要做好教学内容上的取舍。如在教学中，对于枯燥乏味的文章可适当剔除，多拓展一些学生感兴趣的文学内容，引导学生积极参与讨论，激发学生的学习欲望。

## （五）积极开展各项教学实践活动

当前，部分学生人格上的缺陷十分影响他们的日常生活与学习，对学生的健康发展是非常不利的。因此，在具体教学中，教学者应多组织一些教学活动，有目的地培养学生健全的人格。在汉语言文学教学过程中，教师可经常组织诗歌比赛、朗诵比赛等活动，让学生积极参与这些活动，树立正确的人生观、世界观和价值观，让学生保持健康的心理状态。

学生学习汉语言文学既能丰富学生知识体系，也可以帮助学生树立正确的价值取向，提高他们的人文素养。因此，在实际教学中必须注重汉语言文学教育，加强教师队伍的建设，为我国源源不断地培养高素质人才。

# 第五节　汉语言文学专业的
# 教育特点及应用性

随着我国经济的发展与科学的进步，社会对人才的要求也越来越高，汉语言文学专业也同样面临着很大的压力。在这样的形势之下，许多汉语言文学领域的专业人士对其专业的应用性提出了更高的要求。现代社会对高素质的人才提出了新的要求，决定了汉语言文学应该尽快增强其自身的应用性，以适应社会发展的需要。汉语言文学专业教育的基本特点是将其发展现状与社会对人才的实际需求相结合。

汉语言文学专业是一门在教学内容上相对固定的专业，面对教育体制的转型与改革，汉语言文学专业应当挖掘出更加可行的办法来适应现状，更好地满足社会发展的需求，使更多的汉语言文学专业的学生能够走上工作岗位，为社会发展贡献自己的一份力量。汉语言文学有着非常悠久的教学历史，是一门培养专业性汉语言人才的学科。随着社会的不断发展，由于汉语言文学学科的特点和自身特有的性质，致使汉语言文学专业的人才在社会上的需求逐渐降低，汉语言专业毕业的学生就业率逐年递减，就业压力倍增。因此，提高汉语言文学专业的应用性已成为目前汉语言文学专业教育者普遍关注的问题。

## 一、汉语言文学专业的特殊性

随着社会经济的日益发展，社会对专业性人才的需求量越来越大。社会的各行各业都希望自己能在较短的时间内得到更多的经济利益，所以技术类专业的人才非常抢手，如建筑业、机械业、化工业、医学专业等。理工类学科具有较强的理论性知识，可以用数据来证明结果，而汉语言文学专业短时间内在社会上很难发挥出自身价值，仅仅作为一种隐性价值而存在。因此，汉语言文学专业只能成为没有固定职业的特殊专业。但是，汉语言文学作为一种学科存在于各类学科之中并不是没有价值的，这就要看从怎样的角度去探索汉语言文学专业的内涵。由于汉语言文学专业具有相对的隐性价值的特点，所以不能把此专业和其他理工类专业进行比较。目前，对汉语言文学专业的应用性应该用理性的思维去考虑，不能把汉语言文学专业与理工类专业相提并论。

## 二、汉语言文学专业的特点

在人文社科方面，汉语言文学是一门非常具有影响力的学科。汉语言文学作为最直观的传输媒介，在整个人文教育过程当中起着增强全民族文化素质的决定性作用，包括人类生存的含义和人类价值的关怀，以及对社会责任感的体现，主要体现在对祖国、对民族、对团体、对个人及其余人员的认知上。汉语言文学专业跟别的专业有所区别，它没有一个确定的职业方向及定位，汉语言文学专业主要是主张关注学习人员的人文素质教育。

## 三、提高汉语言文学专业应用的重要性

想适应快速发展的社会的需要，就必须加强和提升汉语言文学专业的实际应用能力。在企业和各个行业的人事选拔当中，汉语言文学专业的学生所表现出来的较好的语言叙述能力能够更好地在人事选拔当中体现，并主要表现在人的基本素质当中。只有顺应了社会的这一需求，在学习中培养和提升人的综合能力，才能更快地适应这个社会的进步和发展。

素质教育的进一步发展要求提升汉语言文学专业的实际应用能力，教育出高质量的专业人才，全方位地提高专业人员的综合能力，提升汉语言文学在现实社会中的适用性是素质教育的最高目标。因此，想要达到目标就需要将理论与实践相结合，这样才能更好地把专业人员与实际应用相结合，为步入社会从业大潮创造基础。汉语言文学专业学生的工作方向主要是教师、文案秘书、新闻采编人员等工作，但事实上，汉语言文学专业的毕业生也在一些国有企业、事业单位以及其他公共学科单位工作，也有一些从事经济金融、建筑地产等方面的工作，这些充分表明汉语言文学专业具有较强的职业适应性。因此，提高汉语言文学专业人员的应用性知识，才是汉语言文学专业教师们应该关注的重点。

## 四、汉语言文学的应用性

汉语言文学是培养学生专业性文学能力的学科。为了使汉语言文学专业的人才能够达到学有所用，体现出自身的价值，很多高校都开设了与汉语言文学有关的课程，如文秘学、国际汉语、新闻传播学等，这样的举措给汉语言文学专业学生未来求职奠定了基础。然而，据有关调查显示，我国汉语言文学专业在所有专业就业率中所占的比例也是较低的，这也说明了此专业就业形势的紧张，高校对于教学体制的改革已迫在眉睫。

### （一）从就业方面提高汉语言文学专业的应用性

据有关数据统计，汉语言文学专业就业率远远低于同为文学类学科的专业，如文秘、新闻、广告、公共管理等。面对当前处于劣势的就业局面，高校汉语言文学专业的有关人员不得不从就业的角度提高汉语言文学专业的应用性，把教学的内容同就业实际情况相结合，开展一些职业相关的教育培训活动，让学生步入社会，从实践活动中得到锻炼，更好把握就业机会，提高自己的就业竞争力。

## （二）从学生深造的方面提高汉语言文学专业的应用性

社会在对人才需求加大的同时，更注重的是人才的质量，即人才是否掌握全面、稳固的专业知识。因此，汉语言文学专业的学生不但要掌握好自己所学的专业知识，同时，还应该把继续深造作为自己将来就业的有力保障。只有学习和掌握更多、更深、更全面的专业性知识，不断地提高整体素质，才能在就业紧张的浪潮中把自己所学的知识发挥出来，给自己乃至社会带来财富。

在汉语言文学教学中，必须科学地了解这个专业的特殊性，从这个角度出发，把科学、先进的教育资源与合理、可行的有效措施相结合，达到更加优越的应用性效果，更好地为己所用。

# 第二章　汉语言文学的教学模式

## 第一节　汉语言文学专业中
## 现代汉语教学的新模式

作为高校汉语言文学专业的基础课程，现代汉语语言结构复杂，理论性较强，同时教学模式单一，学生主体性不够突出。这导致学生学习积极性不高，教学效果不理想。对此，积极转变教学模式，采取针对性措施，提高学生的自我管理能力，主动调整学习策略尤为关键。

现代汉语教学，意在培养学生分析与研究等思维能力，以及文笔等写作能力，使其能够在新闻出版、汉语教育等领域工作岗位上轻松胜任。对此，加强对现代汉语教学新模式的研究意义重大。

### 一、现代汉语教学的新模式

#### （一）讲授式教学

讲授式教学适用于曾经接触过，但理论性、系统性显著增加的课本内容教学，如在声调的性质和作用的教学中，学生以传统思维认识所学内容必然会出现实践上的失误。对此，可按照教师导学、学生自学、学生讲授、教师质疑、练习巩固的程序展开教学，指导学生声调读法，纠正声调错误。首先，让学生围绕问题分析教材，学生在自学的基础上逐步熟悉教材内容，同时整理与讲解内容中的重点与难点；其次，教师指出学生的理解错误，帮助学生捋顺思路、整理要点，帮助学生明确结论；最后，教师根据学生知识掌握程度布置课后练习，加深学生学习印象。这种教学模式不仅能够突出学生的主体地位，而且能够发挥教师在教学中的主导作用，在培养学生理解能力的同时，提高学生融会贯通的能力。

## （二）引发式教学

引发式教学突出师生的互动性。教学程序涉及教师导课、学生回答、师生互动、学生总结，适用于难度大，但教学内容熟悉，且与中学课本相比改动不大的内容。学生按照传统思维理解教学内容，容易认识片面且对思维能力的培养作用不大。对此，教师需要巧妙设计疑问，引导学生敢于质疑，培养学生的钻研精神和思维能力。在课程导入环节，教师可向学生展示包含教学内容重点、难点的题目，引导学生回答问题，让学生认识到浅层认识所学知识点的错误性与片面性，产生教学疑问；在师生互动环节，教师引导学生发现问题，分析并了解问题原因；在总结环节，教师让学生各抒己见，并引导学生多次整理观点，得出规律性、系统性的结论。师生间的双向互动与有效的沟通交流，会产生思想碰撞与思维联动。教师根据学生的疑问展开了针对性的分析，引领学生思维发展，使教学效果事半功倍。

## （三）实践式教学

实践式教学注重突出学生的主体地位。教学程序涉及学生自学、学生讲授、教师讲评与练习巩固，适用于朗读等学生熟悉的课本内容教学。对学生施以灌输式教学并不能提高其学习的积极性，应当突出学生的主体地位，让学生参与教学过程中来，减少厌学情绪。在自学阶段，教师要提前布置好预习内容和任务，同时加强教材内容的分析与整理，合理制订教案；在学生讲授阶段，教师要让学生按照个体思维自主理解教材内容，并鼓励学生讲述个人见解；在讲评阶段，主要是教师给予学生知识性点播；在练习巩固阶段，主要是教师通过设计梯度性练习题的方式，检验与巩固学生所学知识，提高学生知识掌握程度。同时，根据学生学习情况，调整教学策略，为针对性教学奠定良好的基础。

## （四）研讨式教学

研讨式教学侧重理论与实践的结合。这种教学方式适用于重点章节教学，以此培养学生的综合能力，使其学习到更多、更加实用的知识。教学程序涉及学生回顾、教师总结、练习研讨等多个环节。首先，学生在教师的引导下，对知识点进行回顾，教师可以通过三角形知识结构图、树形图、表格等形式指导学生，实现新旧知识点关系的有效衔接，尤其是对零碎知识的梳理、归纳、整合与分类，明确知识点的来龙去脉和纵横联系，从整体上把握知识结构，实现教学内容的连贯，完善知识体系。理论部分知识点多且杂，教师需要启发学生做好知识点梳理，整体把握所学内容。实践部分，教师要加强对练习方式的指导与纠正。在练习研讨阶段，教师应围绕共性问题，灵活设计练习进行探讨，突出学习实用性，确保贯彻启发教学的有效落实。但在实践中应当注意以下几点：一是设计练习研讨题目，应当在内容、形式等方面进行创新，以实现高层次的练习。二是多引导，用比较的方式分析问题，提高学生分析、判断等综合能力，实现对理论知识的直观理解。如选用恰当的相声、小品、笑话等，培养学生兴趣；或是选用相关诗文、寓言故事等，提高学生审美感受；也可以利用名人名言，提高学生分析、运用语言的能力，同时感受句型句式、修辞手法间的巧妙结合。三是注重新科研成果的合理应用，减少因教材滞后带来的不良影响，同时培养学生探索语言科学的兴趣。

### （五）启发式教学

启发式教学适用于难度较大且未接触过课本内容的教学。教学程序涉及教师讲解、精选巧练、学生质疑与教师总结几个环节。接触全新教学内容，还需教师以讲练结合的教学方式引导学生集中注意力、主动思考与探索，最终让学生在学习中发现并解决问题。通过知识点加实例的教学方法，有利于学生理解知识并对知识点进行归纳。

## 二、现代汉语的教学方法

### （一）提高学习的积极性

兴趣是学生学习以及坚持学习的重要基础，唯有提高学生学习的积极性，才能确保学生有效参与教学活动。但现代汉语教学受传统观念的影响，教学课堂氛围不活跃。课程教学应当注重与学生的互动，切实发挥学生的主体意识，让学生参与教学活动。例如，可以在教学中，利用口诀等方法加深知识点记忆，提高学生的学习兴趣。除此之外，教师还要注重与学生间的沟通合作，减少学生畏惧与厌学的心理。注重教学情境的创设，提高学生学习兴趣的同时，培养学生的主观能动性与创造力。

### （二）提高学习的自主性

现代汉语教学课时少，课上学习与课后练习缺乏主动性，学生难以有效掌握学习内容。为提高学生的学习主动性，教师需要加强学生的课前预习能力，利用慕课、翻转课堂等形式，在线提醒学生围绕学习问题自主观看教学视频或是自主复习书本知识，鼓励学生在线提出问题；或通过讨论，在线帮助其他同学解决问题。在课堂上，教师需要加强问题设计，调动学生参与及分析问题的积极性。在课后复习过程中，教师可向学生推荐相关的复习软件、书籍等，帮助学生快速巩固所学知识，同时也可以延展知识点，让学生通过复习与反思，不断提高学习效率。

### （三）提高创新能力

提高学生的创新能力离不开教师的引导与设计。在现代汉语教学中，师生易受传统的灌输式教学理念影响，导致学习缺乏创新性，因此，提高创新能力尤为关键。首先，教师应引导学生发现汉语知识背后的真理、背景与故事，加深对知识点的理解。其次，在练习研讨中，可通过小组合作学习的方式，培养学生举一反三的能力，以及学生对所学知识点的好奇心。

### （四）拓展思维

为提高学生的综合能力，教师需要加强对学生思维的拓展训练。除此之外，还要注重理论知识与现代语言的有效结合，在拉近与学生距离的同时，带动学生与时俱进。例如，在教学中，教师可引用一些网络流行语、网络谐音语言等对知识点进行生活化解释，引导学生发散思维，使学生也可以将现代汉语知识点运用在日常生活当中。尤其是信息时代下的现代汉语教学，更应当注重网络、多媒体等现代教学设备的应用，以便学生更好地接受与理解。

### （五）建立教学目标

现代汉语教学不仅是为了提高学生现代汉语知识掌握度，更是为了培养学生语言素养，以及实际运用、分析理解等综合能力。对此，现代汉语教学目标应涉及语言分析与研究能力、实际能力、基本知识三个方面。除此之外，还需结合学生的个体差异、就业走向、专业特色等，制定教学目标，提高学生的学习效率，确保教学的针对性与效果。

各种现代汉语教学新模式的应用都是建立在学生意识到学习汉语的重要性基础上的，加强学生对现代汉语重要作用的认识尤为关键。应根据教学内容、专业特征、就业方向等合理采用教学模式，确保教学效果的同时，实现教学目标，培养学生的专业性发展意识与能力。

# 第二节　开放教育模式下汉语言文学专业的教学改革

汉语言文学专业是指研究中国汉语的词语、句法，赏析中国古典、现代等经典文学作品，熟悉相关新闻、图书编辑出版基础知识的一门学科。汉语言文学专业教学的目的是培养学生扎实的汉语功底和写作能力，让学生具备评价我国文学作品、编辑和出版作品的能力，同时培养学生的文化素养，拓宽学生的知识面。传统教育模式主要是依靠教材提供知识，教师进行讲授，学生获取汉语言文学知识的渠道单一，获取的知识非常有限，教学手段和教学形式也比较单一，违背了汉语言文学专业拓宽学生知识面，培养学生人文素养、写作能力和文学评价能力的教学目标。因此，我国汉语言文学专业教学必须进行改革。本节主要采用文献分析法、比较法、实例分析法等，分析了开放教育模式的特征与教学理念，分析了开放教育模式下的汉语言文学专业教学改革，旨在为开放教育模式下汉语言文学专业教学改革研究提供参考依据。

# 一、开放教育模式研究

## （一）开放教育模式的特征

与传统教育模式相比，开放教育模式具有三个主要特征：第一，开放教育模式的教学核心是学生和学生的学习，它摆脱了传统教育围绕学校、教材、课程、教师为中心的模式，这是开放教育模式区别于传统教育最显著的特征；第二，开放教育主要以现代先进信息技术、多媒体技术为主要手段，有别于传统教育一本书、一支笔的课堂面对面交流的教学模式；第三，开放教育模式摆脱传统教育受时间、地点、条件限制的困境，为社会上所有想要学习的人提供方便。这三个特征构成开放教育模式，缺少任何一个特征都不能构成完整的开放教育模式。由此可以总结出开放教育模式的概念是指用现代先进信息技术、多媒体技术等为主要手段，以学生和学生的学习为核心，为所有想学习的人提供教学服务的一种教学模式。

## （二）开放教育模式的教育理念

开放教育模式与传统教育模式最大的区别是教育理念的改变。开放教育模式主要有三个核心教育理念，分别是服务理念、平等理念和协作理念。服务理念是指在开放教育模式下，教师不是指挥、强迫学生学习，而是将学生放在第一位，一切以学生和学生的学习为中心。开放教育模式中一切都要为学生和学生的学习让位，因此，构建开放教育模式的第一步是转变教学理念，树立良好的服务理念。平等理念是指在教学过程中教师、学生的地位平等，和学生交流是教师的主要工作形式。教师从传统的被迫交流转化为积极主动交流，教师从传统的单向知识传播者向交流者转变。协作理念是指开放教育模式中教学手段和形式丰富多样，教学已经不能像传统教育一样单靠一个教师便能解决一节课程，开放教育模式下教学需要多个教师、多项现代化技术等进行协作教学。例如，网上文言文语言教学直播、疑难解答，需要文言文教学部门、网络通信技术部门、文言文专业教师团队、网络系统维护工程师等多方紧密协作才能完成。

## 二、开放教育模式下汉语言文学专业的教学改革

### （一）教学理念改革

传统教学模式围绕教材、教师和学校课程安排教学，课堂教学主要依靠教师，教学理念是以教师为主、学生为辅。教师有时会忽视学生的主观感受和意向，导致教学与学生的需求相背离。在强迫学习的环境中，学生将学习汉语言当成一种义务和包袱，会使学生在长期的压迫下丧失学习兴趣。针对传统文言文专业教育存在的问题，开放教育模式下汉语言文学专业教学应首先改革教学理念。树立汉语言文学专业教学的服务理念、平等理念和协作理念，利用开放教育的先进教学理念构建开放教育模式下的汉语言文学专业教学模式。在汉语言文学专业教学过程中，将学生和教师的地位平等起来，将以教材、课堂、学校、教师为核心的教学理念向以学生和学生学习为核心的理念转变。树立汉语言文学专业教学的协作教学理念，调动多方资源协助教学，充分整合汉语言文学专业的教学资源，实现最优资源配置，提高教学资源利用率，进而提高汉语言文学专业教学效率和质量。

### （二）教学手段改革

根据我国汉语言文学专业的特点可知，阅读是提高学生汉语言文学专业学生人文素养、写作技能、获得基础语言知识的重要手段，汉语言文学专业教学离不开大量的阅读资源，因此开放教育模式下的汉语言文学教学改

革需要整合教学资源。整合教学资源的具体措施是利用现代网络技术收集、归纳社会上的我国文学精品，辅助汉语言文学教学，整合多元化专业知识资源，为学生提供更好的资源服务。传统教学手段注重教师的教学，手段单一，学生只是被动单向地接受知识，失去主动学习汉语言文学的积极性。语言文学专业教学的改革应注重教学手段的改革，校内课堂主要采用传统教学手段，现代教学手段为辅。校外远程开放教育以现代教学手段为主，传统教学手段为辅。汉语言文学教学手段应利用现代化技术，丰富教学手段和形式，为校内外想学习汉语言文学专业知识和技能的学生提供帮助。如利用网络技术、双向视频技术等，构建网上汉语言文学专业直播疑难解答，构建远程面对面集中授课，完善汉语言文学专业的共享平台，安排专业维护共享平台的教师，及时为学生解决汉语言文学专业教学中遇到的难题，特殊学生特殊对待，开发有针对性的教学模式。

### （三）提高教师素质

无论是哪门学科下、何种模式下的教学，都需要教师具有高水平的专业知识。尤其是汉语言文学专业教学，对教师汉语言文学专业知识的要求更高。如果教师不熟悉汉语言专业知识，便不可能做好汉语言文学专业的教学工作。汉语言文学专业对教师的改革首先要加强教师专业知识的培训，通过提高教师的专业知识水平，在学生心目中树立专家形象，获取学生对教师的信任，进而提高汉语言文学专业教学质量和效率。据相关资料研究表明，教师与学生之间的知识差距，会激发学生学习的兴趣。随着社会的发展，知识更新的速度不断加快，在这种背景下，汉语言文学专业的教师更应不断学习新知识，加快专业知识学习的速度，提高汉语言文学专业知识水平，为学生更好地讲授知识。其次，教师应加强现代化教育技术知识的学习，熟练掌握现代化信息技术，学会熟练操控现代化信息技术。开放教育模式下的汉语言文学专业教学摆脱传统教师与学生近距离面对面教学模式，以现代化技术为载体进行现代化教学，即"人—机—人"的教育模式。在这种教育模式下，教师应熟练掌握各种与教学有关的现代技术，学会使用视频技术与学生远程面对面交流，学会用社交软件与学生交流，通过交流及时发现学生学习过程中遇到的问题并及时解决，为学生提供周到、细致的教学服务。学校鼓励教师学习远程开放教育理论，鼓励教师学习现代化教学手段，将远程开放教学纳入教师考评。

## （四）教学内容改革

因为传统汉语言文学教材只适合传统教学模式，不适合远程开放教育模式下的教学，所以新模式下的汉语言文学教学需要改革教学内容。传统汉语言文学教学内容的不足是缺乏应用性，传统汉语言文学教学内容注重学生知识、理论的提升，忽视能力的培养。针对以上问题，改革应重视学生实战技能和社会实践能力的培养，教学围绕应用性开展。具体措施是：教学内容改革以汉语言文学专业学生踏入社会的就业指导为导向，以汉语言文学专业知识为中心，将教学内容与国家、社会的需求挂钩，培养国家、社会需要的人才。比如，目前我国正处于网络信息时代，社会需要综合素质高的网络编辑人才，学校经过汉语言文学专业就业方向的调查、分析、预测后，应根据实际情况制订各种应用类、技巧类教学课程，增加选修课数量，向学生开放，并根据需求适当调整。

汉语言文学专业教学作为我国教育教学的重要组成部分，关系着我国新闻、出版、编辑等行业的发展，学校应响应国家方针、政策，根据实际情况积极改革教学模式、教学理念和教学手段。开放教育模式下汉语言文学专业教学改革应注重现代化教学手段的运用，整合教学资源，提高教师综合素质，在教学内容上重视将学生实战技能、社会实践能力的教学围绕应用性开展。

# 第三节　汉语言文学专业教学中的研究性学习模式

研究性学习模式的提出，是为了应对目前本科大众化教育下出现的低俗化、劣质化倾向，它包括四个层面：听——教师的引导、示范作用；读——知识的积淀与思想内涵；说——知识的运用与思维的锻炼；写——文字的运用、逻辑的安排、思想的交融。四者共同构成的立体教学模型，既相互统一，又各具独立性，为提升学生综合素质奠定基础。为贯彻落实这一学习模式，还需建立一个教师、学生、课程设计三层面的保障机制。

## 一、研究性学习模式——汉语言文学专业教学的新尝试

研究性学习不算新事物，但在本科教育中真正详细论述研究性学习模式的极为少见，更多的研究者把研究性学习模式看成是研究生教育的专利，对本科生的教育还停留在灌输式的知识传授阶段。笔者认为，为适应素质教育的需要，在大学本科教育中引进研究性学习模式，是变被动学习为主动思考、变知识灌输为能力培养的必然要求。研究性学习模式不是把每个学生都当成学术科研的后备军，而是通过科学研究的流程，如搜集资料、提出问题、

分析问题、解决问题、撰写论文等培养学生在听、说、读、写方面的综合能力，为学生进入社会、适应复杂的社会需求和进一步学习深造奠定基础。具体有如下四个层次：

听——教师的引导、示范作用。以往论者也强调"听"的功能，认为"听"中"教师起到的示范引领的作用尤为关键"。但以往论者"听"的功能过于狭窄，偏向于诵读名篇以唤起学生的审美感受，或者利用视频等引起学生兴趣。笔者以为，研究性学习所谓的"听"指的是教师在课堂上对学习方法与思维方式的传授，学生在教师的引导下学会如何学习、如何思考。"听"虽以学生为主体，但教师的"讲"显然是"听"的前提与基础，所以教师如何"讲"就成了学生"听"后是否有成效的关键。具体到讲的内容，有如下几个方面：

首先，如何读书，书这么多，读哪些书，这是一个选择问题。目前本科生教育普遍偏于教材，对于原典、原著的研读远远不够。笔者认为可以建构一个以作品为核心、学术专著与论文为辅的三层面立体读书模型。文学作品是感性的，没有李白、杜甫、苏轼等作品文本的浸染，审美趣味与文字功底将失去基础的依托；学术专著与论文是理性的提炼与升华，是传授学生如何研读作品、如何思考问题的依据。教师可以根据自己讲授的课程为学生列一个综合性的书目，所选书籍不能太多，否则负担过重；也不能太少，否则流于形式难以奏效。选择之后，教师需要告诉学生哪些先读，哪些后读，哪些详读，哪些略读。

其次，教师应该以自己广博的知识与深邃的思想去讲解所选择的作家作品与流派，在讲授之中使同学们得到思想的启迪，感受文学的魅力，领悟人生的真谛。这非一朝一夕之功，必须在教师阅读作品、专著、论文并消化的情况下才能做到，此时的授课将超越知识的灌输而成为思想交锋的饕餮盛宴。

读——知识的积淀与思想内涵。"听"主要是教师"讲"的引领过程，"读"则需要学生耐得住寂寞、坐得住板凳，十年如一日、持之以恒地读下去。没有大量读作品、读论文、读学术专著、读社会这本大书的积淀，大学生的素质教育将永远是句空话，大学生课堂上与教师的交流也将陷于游谈无根，至于适应社会工作或进一步深造的写作能力更是无从落实。因此，只有大量读才能说，才能写。教师教授读书方法之后，学生沉下心来真正一本一本读书、一篇一篇看论文才是奠定学生扎实功底的有效方法。钱穆先生就说过："书能一本本一部部地读，埋头读。"读书方面，每周能读 2 至 3 篇学术论文，每月能读 3 部作品与 1 部学术专著，那么何愁学生说与写的能力？读书不只是翻书，读书过程中的摘抄与做读书笔记能够起到积淀知识与深化思维的作用。如何做读书笔记呢？读书笔记有什么用呢？读书笔记一方面是围绕一个主题搜集资料，锻炼学生搜集资料与信息的能力；另一方面读书笔记需要学生组织文字，锻炼学生的文字功底；最后读书笔记还需要提出问题、分析问题甚至解决问题，对学生独立应对问题的能力提出了较高的要求。

说——知识的运用与思维的锻炼。没有知识的储备与思维方面的锻炼，"说"将是信口捏来，不知所云。因此，这部分虽以"说"立论，但重点阐述的还是教师教授学生如何提出问题、分析问题、解决问题的思考方式。以实例的形式把原文展示给同学，然后引导学生从什么角度提出问题、分析问题、解决问题是至关重要的。在教学过程中可以结合讲解的内容随时随地插入该环节，培养学生解读文本的能力，也养成独立思考的习惯。前有教师讲授如何读书、如何思考，后有学生照此扎实读书、做好笔记，课堂上围绕某一专题让同学们相互讨论才能不流于形式，让学生真正做到学以致用。学生平时围绕某一作家作品读的论文与专著越多，把握的细节越精准，掌握的知识越全面，展示的视野越开阔，最后思想的交锋也就越激烈。

写——文字的运用、逻辑的安排、思想的交融。这个"写"既包括较低层次的摘抄与逐条式笔记，也包括单篇的读书札记，更包括具有一定创造性的学术论文。"写"是最后一个环节，也是最难的一个环节，它是学生在听教师讲解学习与思维方法、大量读论文与作品、课堂讨论与辩论中阐述自己观点基础上的综合运用。这个过程既考查学生文字运用的功底，又考查逻辑层次的安排，更关注自己独创性思想的酝酿。平时读书的涵养、教师讲授的方法、讨论时思维的锻炼等都将融为一个有机整体。具体方法是以笔记与摘抄为主，模仿经典学术论文，掌握学术论文写作规范，为写作能力的提升打下基础。另外，教师还需给学生介绍一些常用的数据库与学术专著。大学生每个星期至少阅读与专业课程相关的高质量学术论文 2 至 3 篇，学术思维渐渐养成后将终身受用。

## 二、贯彻、落实研究性学习模式的可行性

人文素养的培育非一朝一夕之功，研究性学习模式的贯彻是以大量时间与精力的投入为前提的。没有时间的保证与实践的操练，再好的教育理念与模型都将沦为空谈。把研究性学习模式在汉语言文学专业教学中落到实处，需要三个层面的协作。

首先，教师层面。研究性学习模式中，教师是教学中的主导，如何传授学习方法，如何开列读书目录，如何做读书笔记，如何提出问题、分析问题、

解决问题，都需要教师在这方面具备极强的综合能力。具体如下：第一，教师能力方面的培养。所谓"名师出高徒"，要培养一个在"听、说、读、写"综合素养高的学生，首先要求教师具有独特的造诣与深厚的涵养。而这种涵养是从大量读作品、读专著、读论文并进行持续不断思考、写作、教学中而来。第二，教学方式的创新。有些教师有科研能力，但缺乏教学的技巧与经验，导致最后的教学效果不理想。科研能力并不必然等于教学能力，所以，有科研能力的教师如何把这种能力转化为教学能力仍然是需要持续关注的重点。第三，改变对教师的考核方式，加强对教师职称的评定和能力的考察，关于教学成果的权重，各种奖励与教学成果直接挂钩，让教师摆脱"教好教坏一个样"的放任心态，在制度性的利益保障下，必将刺激教师花费更多时间与精力改进教学方法。

其次，学生层面。学生的主体性相对较弱，在现实大环境极为不利的情况下靠他们自己主动学习，实难奏效。所以，客观上建立一个更为完整、科学的评价体系就是迫切需要解决的问题。

最后，课程设计层面。我国大学本科教育的课时安排过于紧凑，现在的大学生不是缺少上课的机会，而是这种机会太多，把他们的生活与时间挤得满满当当，没有时间也没有精力去进一步学习和深造。现在大学本科教育最大的弊病就是只有记忆，没有课后的思考使学生消化知识。反观研究生教育，恰恰是较少的教师引导与学生大量自主学习时间的结合，才使学生真正超越单纯被动的接受变为主动学习。所以，课程设计方面应精选必修课程，删减不太相关的课程。

# 第四节　汉语言文学专业普通话教学中的翻转课堂模式

翻转课堂模式是一种新型的教学方式，它打破了我国传统教学中以教师为主导的模式。随着教育的大力改革，翻转课堂模式已经在各大高校的课堂上得到广泛应用，并且效果显著。本节以高校普通话教学为落脚点，剖析翻转课堂模式的特点，进一步讨论课堂模式教学的必要性，最后重点探讨在高校汉语言文学专业普通话教学中如何有效地利用翻转课堂模式展开教学。

## 一、翻转课堂模式的特点

翻转课堂模式，又被称为颠倒课堂。传统的教学结构是，白天教师在课堂上传授新知识，晚上学生在家里完成作业，对知识进行消化与巩固。翻转课堂模式是，白天学生在课堂上做作业，巩固所学知识，回家后再自主学习新知识。翻转教学模式改变了教学结构，同时还改变了教师与学生的角色、主体以及任务。以下从四个方面简要分析翻转课堂模式的特点。

### （一）教学结构方面

教学结构的特点主要表现在将之前的教学模式进行了完全翻转。白天，组织学生在教室集中进行自主学习，比如完成作业、复习已学知识等，教师再针对学生提出的知识难点进行讲解与分析，从而加深学生对知识点的理解和掌握。晚上，学生借助网络，通过观看教学视频的方式进行独立学习。

### （二）教师角色方面

教师角色的特点主要是由主导者转变成了指导者与督促者，在指导与督促的过程中，进一步观察学生的情况，再根据其个体的差异性，对课堂教学进行有效的调整，从而帮助每一位学生更好地自主学习。

### （三）学生角色方面

学生角色的特点主要是由原先的学习内容接收者变成了学习中真正的主体。学生可以根据自己的进度来有效调整学习的场所、时间、学习量以及内容。学习的过程其实并不是独立完成的过程，而是在利用学习工具的基础上，与同学或者教师交流、帮助与讨论相互协作学习的过程。这种学习模式不仅增强了团队意识，也对所学知识有了更深层次的理解与巩固。

### （四）课堂时间方面

翻转课堂的特点是教师在课堂上的授课时间减少，学生自主学习的时间相应增多，学生之间交流学习的机会与时间也开始增多。

## 二、汉语言文学专业普通话教学中翻转课堂模式应用的必要性

汉语言文学专业的学生对普通话的掌握程度要求较高，随着教育的不断改革，对于普通话的教学也提出了新要求，教师应该积极地使用网络技术、多媒体等现代化的手段，构建出适合学生自主以及个性化学习的教学模式，即在充分采用多媒体技术的基础上，使教学方式更加灵活多样，加强师生之间的互动以及学生们的协作学习能力。许多教师也在朝着新要求的方向努力，但是在理论与实践中仍然存在较大的差距，主要表现在两个方面：一方面是汉语言文学专业学生的自身原因。由于生源差异，有些学生来自偏远山区，他们的方言腔调较重，平时普通话练习也较少，普通话基础差导致了他们对普通话的学习并没有多大兴趣，上课的积极性不高，参与性也不强。另

一方面是教师方面的原因。部分高校普通话教师为了尽快完成教学任务，在教学过程中对课程的控制往往非常紧张，主要以讲解知识为主，完全忽略了与学生的互动，所以听不到学生的想法与观点，没有充分重视学生的主体地位，学生非常被动，没有参与感。

## 三、汉语言文学专业普通话教学中翻转课堂模式的有效应用

为了确保翻转课堂模式在汉语言文学专业普通话教学中充分发挥作用，在教学设计方面，教师应把学生的实际情况与课堂教学相结合。将普通话教学分为三个阶段来探讨翻转课堂模式的有效运用，具体阐述如下：

### （一）信息传递阶段

信息传递阶段就是在教师的引导下学生自主学习的阶段。就普通话教学来说，教师应该严格按照教学大纲与人才培养方案的要求来制作教学视频，但要注意以下几点：

#### 1. 教学视频应做到短小精悍，作品的选择应贴近生活

教学视频在课堂中的使用被称作微课，即微型课堂，是将简短的教学视频作为载体，教师再针对一个知识点或者教学环节来设计的一种情景教学，其中知识点可以是重点、难点和考点。教学环节一般是学习的主体、任务以及活动等。以往普通话教学中教师选择的视频存在着数量多、内容长的缺点，导致学生刚开始观看时很有兴趣，但时间长了就会失去学习的兴趣。由于学生注意力集中的时间只有 8 分钟左右，因此，教师在设计教学视频时，时长最好也控制在 8 分钟之内。除此之外，对于普通话的学习，培养语感相当重

要。现在很多普通话教材都是选取优秀作品，这固然有很好的语言示范作用，但也存在一定的弊端，即这些作品与学生现实生活之间有一定的距离。因此，应该更多地选择一些时下关注度高，并且与学生学习生活相关的话题作为教材内容。教师在选择教学视频素材时，在结合教材的基础上，可以适当地搜集相关能够直接交流的普通话语境素材，让学生通过观看与日常生活相关的教学材料来培养自己的语感，进一步锻炼语言的发音准确度，这样才能达到事半功倍的效果。

2. 教学视频要有吸引力

学生在观看教学视频时，注意力往往容易被视频中的背景所分散，因此，教师在设计视频时，要注意视频的背景不要过于花哨，可以隐去视频，采用画外音的方式，在学习过程中主要以语言、音调为主。

3. 教学视频的定位要准确、难易适中

并不是所有的学生都存在着较强的自主学习能力，部分学生存在着知识基础与自学能力比较弱的问题，教师在教学中应该考虑到这方面的因素。视频教学内容的定位要以教学大纲为标准，结合学生的实际情况来设计练习题的难度和数量。知识点的难易程度最好循序渐进，教师在讲解难题时，也要重新对知识结构进行梳理，使学生时刻跟上教学进度。

（二）课堂互动阶段

高校大学生的重点学习任务是对专业知识的学习以及技术能力的培养。对于汉语言文学专业的学生来说，普通话课程的学习时间非常有限，教师无法在课堂上对学生提出的问题一一进行解答。因此，教师应该针对学生在信息传递阶段反馈的难点和重点进行归纳与总结，再把其中有代表性的问题甄选出来，在课堂上进行分组讨论。课堂互动阶段可以有效地使学生把学习过的知识点进行消化，在此阶段教师应该注意以下几点：

## 1. 注重学生的差异性

在课堂的互动阶段，教师应该注重学生的个体差异性。高校学生大都来自不同地区，普通话水平参差不齐，尤其是来自方言区的学生，普通话对他们来说非常困难。因此，教师在设计课堂的讨论内容时，不可以整齐划一，要充分考虑学生的差异性，根据不同的课程目标与人才培养目标来设计课堂互动的内容。

## 2. 培养学生解决问题的能力

在互动讨论中，教师要让学生自己去选择感兴趣的题目进行探究，即重视学生的主体地位。大多数汉语言文学专业学生对普通话课程没有引起足够的重视，因此缺乏独立思考与解决问题的能力，课堂互动能很好地弥补这一不足。学生对某一部分知识比较感兴趣，教师应该鼓励他们去尝试学习；学生在选择了自己感兴趣的题目以后，再由教师给予指导，引导学生小组合作学习，在这个过程中完成知识点的消化与知识体系的巩固。

## 3. 灵活运用分组讨论的形式

在分组探讨时，教师不必拘泥于传统的教学模式，可以完全开放课堂；学生不必坐在固定的座位上，而是每一组的学生坐在一起围成圆圈，根据本组的题目各抒己见，一起讨论研究，在每个小组成员的协助下完成教师分配的学习任务。除此之外，教师还应该加上成果展示的环节，即在课堂上让学生以个人或者小组的名义对思考与探讨的结果进行展示。展示的形式可以多样化，比如演讲、角色扮演、小组辩论以及小型比赛等。展示结束后，教师再对每一组的探究成果进行总结和评价，肯定成绩并及时纠正一些错误的问题，以加深学生对知识点的认识与理解，这样，学生在教师的帮助下，会形成一个相对完整的知识体系。

### （三）评价反馈阶段

翻转课堂模式下的评价与反馈，要以新课程改革为前提，对传统教学中的评价反馈机制进行改革和完善，在考虑学生个体差异性的基础上，鼓励学生呈现多样化评价。只有合理的评价，才会激发学生更有效地学习。具体主要表现在考核标准的完善及考评人员的多样化两方面。

目前，多数高校普通话教学的考核与评价仍然只是一个简单测试，并未深层次考查学生的普通话基础认知。把翻转课堂运用在教学中，也应该灵活运用在评价反馈上。对学生的评价要充分重视学生的个体差异性，评价的结果要结合学生在信息传递阶段与课堂互动阶段的表现。例如，学生在观看了教学视频之后能指出某些词语发音的重要性，自己的不足之处在哪里，并能在同学与同学之间、小组与小组之间互相帮助。评价模式不再是教师的单一评价模式，而是由教师评价、学生自评和学生互评组成的多元评价模式。

信息时代的到来，为汉语言文学专业普通话教学的改革带来了机遇，也带来了挑战。普通话教师充分合理地利用互联网的优势进行备课、上课，在一定程度上可以促进学生的普通话交际能力；同时，翻转课堂模式也可以利用互联网上的学习资源，使学生得到个性化的发展和教育。尽管翻转课堂模式目前还不能完全替代传统的教学模式，但它极有可能是未来普通话教学的发展方向。

# 第五节 "互联网+"时代下汉语言文学
# 教学新模式

随着"互联网+"时代的到来，社会大环境发生了很大的变化。社交网络、大数据、云计算、智慧地球的出现和发展，都对培养社会需求型人才提出了更高的要求，尤其高校汉语言文学专业教学新模式的探究已经成为高校教学的主要内容之一。本节基于这一背景首先阐述"互联网+"时代下汉语言文学专业培养人才的背景，分析汉语言文学教学现状，并针对现状提出"互联网+"时代下创新汉语言文学教学新模式的主要策略。

## 一、"互联网+"时代下汉语言文学专业培养人才的背景

### （一）汉语言文学与"互联网+"时代的内涵

汉语言文学专业主要是培养学生汉语言文学基本理论、基础知识和基本技能，能在新闻文艺出版部门、科研机构和事业单位从事文学评论、汉语言文学教学与研究工作。而"互联网+"代表一种新的经济形态，即充分发挥互联网在生产要素配置中的优化和集成作用，将互联网的创新成果深度融入社会的各个领域，提供实体经济的创新力和生产力，形成更广泛的经济发展新形态。重点是以云计算、大数据等为代表的新一代信息技术的融合和创新。

### （二）"互联网+"时代汉语言文学专业培养人才的背景

汉语言文学具有传统性强的特点，汉语言文学专业历史悠久，它本身涵

盖了很多文化，因此汉语言文学课程教学体系较为科学和健全。但是随着时代的发展和进步，要想满足社会对汉语言文学人才的需求，汉语言文学教学应该顺应时代的发展趋势，更新教学理念、改革教学方式，根据社会对汉语言文学人才的需求进行针对化教学，从而提高教学的针对性和实效性。另外，"互联网+"时代背景下汉语言文学教学不仅要不断改革，还要在改革的基础上保留精华，针对社会需求建立汉语言文学人才培养新模式，这对培养时代型人才有重要意义。

在"互联网+"时代下汉语言文学教学仍然存在一些不足之处。一方面，汉语言文学教学仍然采用传统的教学理念，教师按照自己的理解给学生讲解，存在一定的局限性。教学仍然停留在对文字和文章简单的解读，这在一定程度上难以实现对汉语言文学人才培养的目标。因此，只有掌握专业的理论知识，跟随时代的脚步，不断提升自己才能真正实现自身的价值，成为社会需求型人才。另一方面，教师缺乏对学生的情感教育。在教学中课堂以教师为主体，学生的课堂参与积极性不高，学生和教师存在距离感，教师没有充分了解学生的学习需求，以至于学生的学习积极性不高，影响汉语言文学教学质量和学生的学习效率。

## 二、"互联网+"时代下创新汉语言文学教学新模式的策略

### （一）教师应该转变教学理念和教学模式

在传统的教学中，教师是课堂的主体，难以发挥学生的学习积极性，甚至会使一些学生对汉语言文学学习产生抵触心理。为此，教师应该顺应时代

的发展潮流，尊重学生的主体地位，满足学生个性化发展的需求。在"互联网+"时代教师可以充分发挥互联网的优势，借助信息技术充分发挥学生的主观能动性，这也是提高学生课堂学习效率的重要方式。

## （二）提高教师的综合素质、注重对学生的情感教育

教师是课堂的引导者，是教学目标和教学内容的制订者，在整个教学过程中发挥着不可替代的作用，因此教师的综合素质是决定教学质量的重要因素。为此，教师除了要具备专业的理论知识之外，还要不断地提升自己的综合素质。一方面，教师在教学中应该利用网络资源共享的优势更新教学理念、创新教学方法、建立引导式教学模式；另一方面，教师应该让学生感受到教师的热情和关怀，多鼓励学生，利用网络多和学生交流和沟通，拉近与学生的距离。

## （三）注重教学目标的培养，提高学生就业能力

在"互联网+"时代，高校学生面临越来越大的就业压力，社会对人才的要求也越来越高，因此高校在汉语言文学教学中应该以社会对人才的要求为教学的主要目标，将学生培养成全面发展的人才。为此，学校应该针对需求对教学模式进行改革和创新，为汉语言文学教学建立系统的教学体系，包括提高学生的写作能力和语言组织能力，将理论应用于实践的能力和课堂互动能力等。让学生运用所学知识解决现实生活中遇到的问题，为学生今后的成长和工作奠定基础。

在"互联网+"时代背景下，加强社会主义精神文明建设对提高文明程度有重要意义。汉语言文学教学模式的改革和创新应该成为汉语言文学教学的主要内容，这也是提高汉语言文学教学水平和教学质量的重要途径。为此，高校可以通过转变教学理念、丰富教学方法、提高教师的综合素质以及

促进学生就业能力等途径来创新汉语言文学教学模式，为社会培养汉语言文学人才。

# 第六节　后现代教学观照下的
# 汉语言文学教学模式

后现代教学观和我们现代的教学思想观念有很多相似之处，同时它也是对现代教学思想的一种创新和改革。因此，后现代教学观的出现对我国高校教学改革产生一定的影响。在后现代教学观照下进行汉语言文学教学，应该取其精华，去其糟粕，创新教学模式，促进教学质量的提升。本节主要对后现代教学观照下的汉语言文学教学模式进行简单的阐述，供相应的教师参考。

## 一、后现代教学观照下的教学理念

### （一）教学过程中学生和教师是平等的

在后现代教学观照下进行汉语言文学教学过程中，教师和学生是平等的，即不赞同教师就是权威性的代表，不赞成教师一味讲解、学生只能被动接受，没有发言权。而是鼓励在课堂教学中学生和教师是平等的，鼓励师生加强交流与沟通。当然在这种平等关系中学生依然要听从教师的安排，只是教师会给学生足够的时间思考和交流，为了保证课程顺利进行，教师还要扮演引导者的角色，及时对学生进行正确的引导，保证整个课程的进度。

## （二）教学过程中加入对话

对话是整个后现代教学观照下的主要思想。在教学过程中进行平等、开放、富有想象力的对话可以激发学生的学习潜能。同时对话的过程可以开拓学生的视野，活跃学生的思维，提高他们的思维能力。此外，对话的过程也是理论联系实际的过程，学生与学生之间的对话或者学生和教师之间的对话都是对于所学理论知识的讨论与运用，在对话中学生和教师都会对这些知识有新的认识和理解。

## （三）教学过程中采用阐释的教学方法

在后现代教学观照下进行教学，一般都选择阐释教学的方法。这种教学方法与传统的方法截然不同，它倡导学生不能只是一味地听从教师讲解，而是应该为学生营造开放的学习环境，即在整个教学过程中给学生更多的自由，让他们自主学习，激发他们的想象力，让他们真正地理解所学的知识内容。采用这种教学方法教师不仅教会学生所学的内容，同时还教会了他们怎么去学，培养了学生的学习能力，以及运用理论知识的能力。另外，在后现代教学观照下，教师对学生的点评方式更加全面。这种模式下教师认为每一个学生都是独一无二的，它强调学生的个性，鼓励学生发展自己的个性，而不像传统评价模式一样按照统一的标准去评价所有的学生，因为传统评价模式不利于学生的发展。在评价过程中，不能只关注学生最终的结果，还应该关注学生在整个学习过程的表现，如一些学生的考试成绩虽然不是很理想，但是他们在平常的学习中很努力也很认真，这个时候教师也要肯定他们在平常学习中的努力，将其作为考评的一部分，只有这样才能鼓励更多的学生在整个学习过程中努力学习。

## 二、后现代教学观照下的汉语言文学教学模式

### （一）由传统的计划学习变成现在的合作学习

这里提到的计划学习就是在进行学习之前教师就已经为学生设定好学习的具体环节，整个学习过程学生只能按照教师的安排按部就班地进行。实际上这种教学方法并不能满足现阶段汉语言文学教学的需求，在整个学习中学生只能被动地接受教师所讲的内容，自己根本没有时间思考和交流，久而久之学生就会变成学习的机器，完全不能领会教师所讲内容的真正含义。而在后现代教学观照下倡导合作学习，即在整个教学过程中，教师可以给学生充足的时间自主合作学习，培养学生学习兴趣，调动学生学习的积极性和主动性，充分发挥他们在学习中的主体性，打破传统教学的思维局限，给学生更多的自由，让他们自己去领悟所学的内容，才能将所学知识内化并为己所用。

### （二）在教学过程中加强互动

在传统的汉语言文学教学过程中，师生之间的互动机会很少，即使有互动的机会一般也是教师和某一位学生之间的互动，不能充分发挥双向互动的价值。而在后现代教学模式下，鼓励教师与学生个体之间的互动，教师可以与一名或多名学生进行互动，根据教学的需要进行相应的教学互动，在互动中引导学生更好地学习。

### （三）改变教学目标

传统的汉语言文学教学目标一般都是学生只要大概理解、掌握课本的一些内容即可，但是这样的教学目标并不能使学生真正地领会所讲内容的具体含义，也不知道怎样将课本中学到的理论知识运用到实际生活中，所以

这样来看传统的教学目标还是有待完善的。在后现代教学观照下，对传统的教学目标进行改进，即让学生在理解所学内容的基础上进行掌握，并且鼓励学生勤动脑、多思考，善于将自己所学的理论知识运用到实际生活中，活学活用，这样才能真正地理解所学的内容。

# 第三章  汉语言文学的教学方法

## 第一节  汉语言文学审美教学方法

审美教育在汉语言文学中的渗透，对提高汉语言文学的质量有着重要的作用。因此，学校教师应该加以重视，培养学生健康高尚的审美情趣。汉语言文学教学是一个充满人情味的审美过程，在教学过程中，教师需要积极挖掘教材中的审美要素，重视美的熏陶，激发学生对语言文字的热爱。将审美教育融入汉语言文学教学过程中，是深化语文教学改革的一项重要内容。在激烈的市场竞争中，审美素养也逐渐成为增加学生竞争力的职业必备素养，所以高校需要重视语言文学教学中的审美教育，从而提升学生的文学鉴赏力。

汉语言文学是我国高校教育教学课程体系的重要学科之一，是对高校学生进行素质教育和人文教育的重要内容。在汉语言文学教学中开展审美教育，既是新时期高校素质教育和学生全面教育的重要要求，也是汉语言文学学科本身属性特点和学生审美情趣能力培养、文化素养提升的重要措施和方法。在汉语言文学教学中开展审美教育是当前汉语言文学教学研究的热点和重点，是新时期高校学科素质教育改革和创新的一个重要内容，也是对学生的审美情趣、人文素养和精神文化素质进行培养的重要手段。面对越来越复杂的经济社会发展趋势，通过汉语言文学审美教育对学生进行全面的培养，是新时期汉语言文学教育发展的一个重要趋势。

## 一、审美教育的内涵

审美教育主要是指审美能力的培养和提升，而审美能力则是对审美感受能力、鉴赏能力、想象能力以及创造能力等相关能力的总称。其中，审美感受能力是开展其他能力的重要基础，是整个审美过程的出发点，作为审美教育的最基本内容，审美感受能力主要是指对审美主体的感官美感获得方式和方法进行培养的教育；鉴赏能力则是在感受基础上产生的对"美"进行辨别、理解和评价的能力，辨别能力则是审美教育的重要和关键环节；想象能力是指，将外部感知的"美"与自身的知识、能力、经验等要素结合起来产生的精神美的感受；审美创造能力则是在以上所提到的能力的基础上通过实践创造和创新的"美"。审美创造能力是审美能力的最高层次，同时也是审美教育最终要达到的目的。

## 二、审美教育在语言文学教学中的现状

文学作品的鉴赏需要学生具有深厚的文学素养，因此，在教学过程中，教师应该更加重视对文学作品的写作技巧和行文结构的安排，从而加强学生对文字的感染力。一方面，我国大部分院校审美教学的课时不够、内容不足，教学方式也不够新颖，对汉语言文学专业的讲解没有深度，难以强化学生的专业技能；另一方面，虽然很多学生选了汉语言文学专业，但并不喜欢它，他们内心抗拒这个专业并且缺乏专业认同感，这些原因导致学生学习积

极性不足，缺乏专业文化素养。

## 三、提升审美教育的教学措施

### （一）结合教材，挖掘审美因素

语文教材中以优美的语言反映了社会之美、自然之美乃至艺术之美，这就要求在语文教学中，根据不同教材发掘不同美的因素，渗透审美教育，使学生感受美。

被选进语文教材中的文学作品比现实更具有典型性，因而语文教材中的文学作品更能引起人们的共鸣，给人的感染和熏陶更为强烈。社会的美是指心灵美、人格美、精神美等，是指人的思想方面的美。

自然界的美更加精致、细腻、激动人心，语文教材里对于自然之美的描写也不在少数，巫峡的壮美，大海的柔美，这些都是大自然的美。教材中关于美景的描述，使我们可以在掌握语文知识的同时，体会祖国山水的秀美壮丽，从而培养学生的审美情操。

艺术美是社会美、自然美的集中体现。诗歌的音乐美、散文的韵律美、戏剧的冲突美、小说的整体美，都能勾起我们审美的冲动。甚至是文章精巧的构思、质朴的语言、丰富的想象等都体现了教材中蕴含的审美艺术。

### （二）结合情感，激发审美的渴求

任何题材的文章都具有感情，每一篇文章都是作者呕心沥血之作，包含着作者对现实生活的深刻认识，并且倾吐着作者对人和事的深厚感情。在教学中教师要将学生带到文章的感情中来，这首先要求教师全身心投入到教学中去，激发学生对审美的渴望。教师的情感来源于对教材的理解，只有思想启迪带来的浓郁、真实的情感，才能与学生碰撞出思想的火花，从而感染、教育学生。

比如，《最后一课》这篇文章就可以引起学生强烈的情感共鸣，课文中的爱国情与学生被激发出的感情自然地融合在一起，在情感共鸣的波涛中，学生不仅学习到了知识，又增强了审美的能力。

### （三）采用听、说、读、写的训练方法，实施审美教育

首先，教师可以通过朗读来体会文章的音律美，悦耳的声音、适宜的节奏、起伏的语调，可以激发学生对美的兴趣和追求，对提高学生的语言修养有着不可替代的作用。教师的朗读尤为重要，教师声情并茂的朗读，可以引发学生情感的共鸣，使学生快速进入形象思维，进而深入体会到文字中和谐统一的声韵美、参差错落的节奏美和情景交融的意境美。

其次，教师可以运用媒体来领悟文字中的意境美，文字中的感情要通过想象和联想才能够感觉到，这就是文学欣赏的间接性。因此，在很多时候，可以运用媒体进行气氛的渲染，从而使学生可以更加逼真地感觉到文章所要表达的感情，让学生尽情陶醉在美的艺术氛围中。

再次，教师可以通过板书展现出篇章的结构美，好的板书不仅能激发学生的学习兴趣，还有助于学生对课文内容的理解，更能展现出篇章的结构美。精美的板书，还可以带给学生美的感受，提高学生的审美能力。

最后，教师还可以通过实践操作创造美，比如布置寝室，美化教室，举办文艺演出等。在社会环境中，每一个学生都要进行交际活动，这就为学生提供了一个创造语言美的空间，语言美不仅可以改善人际关系，还可以体现社会中人与人之间崇高美好的思想境界。

审美教育是汉语言文学课程教学的重要组成部分，可以在很大程度上

增强学生的竞争力。因此，必须引起各大院校的重视，强化教师的审美教育思想，帮助学生提高自身对美的感知能力，提升艺术素养，激发学生审美创造的情感和兴趣。

# 第二节　新媒体环境下汉语言文学教学

新媒体技术的提升为汉语言文学教学优化奠定了基础，借用于新型教学手段极大地提升了课堂效率。借助于新媒体的汉语言文学课堂教学内容逐步丰富，开阔了学生眼界，拓宽了知识面，提升了汉语言文学的综合能力。本节将主要探讨新媒体环境下汉语言文学教学的优化策略。

## 一、新媒体环境下汉语言文学教学面临的挑战

### （一）网络流行语冲击传统教学

汉语言文学是一门专门研究中国各种流派和各个时期文学作品的学科，在学习和研究汉语言文学的过程中需要秉持专注和专业的精神。由于中国新媒体环境的不断变化，越来越多的网络用语充斥在学生的学习和生活之中。这些网络用语的构成不够规范，缺乏缜密的语法和词汇结构，并且还携带了部分人为构造的内容。这些新兴且不严谨的网络用语为汉语言文学的教学设置了障碍，学生在学习汉语言文学时会受到一定的影响。总而言之，网络用语的普及在很大程度上影响了人们遣词造句的方式。

### （二）受众地位发生变化

随着中国新媒体的飞速发展，汉语言的受众地位也受到了一定的冲击。

由于网络语言的普及，导致人们在日常生活中也会使用一些网络用语，如"真是醉了""我的内心受到一万点暴击"等，在网络用语泛滥的情况下，传统的汉语言文学地位以及作用受到影响。如此一来，人们便渐渐忘却要提笔写字或者是对用词用句进行雕琢，而是喜欢方便快捷的网络用语，这对人们形成正确的汉语言思维方式是极为不利的。

## 二、新媒体环境下汉语言文学教学优化策略

### （一）利用微课进行教学

微课的时常一般不超过分钟，这种教学模式可以将时间进行分段，从而让学生能够利用碎片化的时间学习汉语言文学的知识。例如，在学习具体的课文时，教师可以将这篇文章涵盖的重点内容转变成微课的形式。教师需要首先帮助学生梳理清楚相关的概念，在引出概念的过程中，需要注意概念描述要简洁，抓住重点。学习汉语言文学需要不间断地汲取汉语言文学的知识，还要搭配相应的练习来巩固已学的知识点。因此，在微课结尾布置相关的练习能够提升学生对汉语言文学知识点的理解，帮助加强对某部分内容的印象，在潜移默化中提升学生对汉语言文学的理解能力。

### （二）使用电子课件进行教学

在进行汉语言文学教学的过程中使用电子课件讲解知识点不仅能让教学过程变得生动，还可以有效引导学生进行汉语言文学内容的学习。电子课件的内容应当简洁，且要抓住重点知识。电子课件的内容既需要包括课本内容，也需要对基础知识进行相应的补充和深化。例如，在学习文学概论过程中，教师需要将每一章的内容都单独制作成一个电子课件。电子课件的内容

需要涵盖每一个时间段文学作品的名称、相关概念、重点的人物和文学作品的介绍以及这些文学作品为后世带来的影响等。如果时间允许的话，也可以加入总结的内容。电子课件的内容需要尽量完整和丰富，让学生在使用电子课件后能够记住重点，帮助其加深记忆。

### （三）利用新媒体提升学习效率

利用新媒体能够有效提升学生的学习效率，以阅读效率为例。在学习汉语言文学的过程中不可避免地会进行大量的阅读。学生在学习过程中的主要任务也是进行汉语言文学的阅读，但由于汉语言文学中存在着大量的内容需要进行阅读，因此提升学生的阅读效率至关重要。在汉语言文学的教学课堂上，教师也应当利用新媒体来帮助学生提升阅读效率。阅读效率的提升和写作能力的提高具有紧密的联系，对于一名汉语言文学专业的学生而言，阅读效率的提升可以通过提高写作能力而获得。在汉语言文学的教学课堂中，利用新媒体打造体验式的教学课堂既能够提升学生的阅读效率，还能够有效提升其写作能力，使学生在阅读与写作相结合的学习中增强情感体验。教师在教授有关汉语言文学的阅读篇目时可以适当为学生补充有关写作的内容，让学生进行写作练习，而在这一过程中可以利用新媒体的教学资源。写作和阅读本身就是不可以分开的，想要提升学生的文本阅读效率就不能够忽略写作的重要作用。阅读与写作相结合也能够让学生经历从输入知识到输出知识的过程。当他们在阅读一篇阅读篇目时可能会因为一句话或者是一个词而产生不同的感想，或者是联想到不同的内容，如果能够在阅读时就及时记录下自己当时的思考也是一种写作的训练，同时也能有效提升阅读的质量。

## （四）建立多元化多样化的教育方式

回顾以往的汉语言文学教学经历可以发现，由于受到传统思想的束缚，教师的教学方式一般都是采用传输—接收的"填鸭式"教学，这样的教学方式对调动学生学习兴趣以及凸显学生主体地位十分不利，甚至在一定程度上会限制汉语言文学的发展。在这样的情况下，我们必须优化教学方式，利用网络资源使用多元化以及多样化的教学方式。例如，在学习某篇文章时，便可以利用网络资源进行合作化教学方式将本节的主要问题传递给学生。当然，问题肯定不能停留在基础层面，教师应当将文章中的一些疑问之处找出来，然后将其传递给学生，让他们分成若干小组，利用网络对这些问题进行探讨，找出文章的中心点。利用这种教学方式培养学生合作探究精神，让学生脱离传统的教学课堂，激发起学生对汉语言文学的学习兴趣。

## （五）利用新媒体举办相关的活动

为了有效激发学生的汉语言文学学习兴趣，增强学生的情感体验，可以利用新媒体举办相关活动来帮助学生进行汉语言文学的学习。具体而言，在举办活动的过程中教师可以利用新媒体社交工具来组织学生参与到活动之中。首先，可以从校外邀请一些著名的文学家或者是汉语言文学专业的大学教授，来和学生面对面交流。实际上有许多专门研究汉语言文学的教授和学者，他们丰富的汉语言文学知识能够为学生提高眼界。如果能够有机会让这些专业的人士为高校学生开设讲座，那么就可以让学生更加意识到学习汉语言文学的乐趣。教授和学者的讲座能够让学生了解到那些富有学识、热爱阅读的人的独特魅力，让学生能够更加注重对自己内在的培养。学生还没有养成正确的人生观和价值观，因此，教师应当引导学生建立起正确的价值观，注重对知识的学习，为其今后的学习打下坚实的基础。除了利用新媒体组织学生参加以大学专家或者学者讲解为主的讲座外，还可以举办相关的作家展，利用新媒体工具进行线上宣传，鼓励学生参与其中。具体而言，中国的文学博大精深，不管是古代还是近代，中国都有许多富有才华的文学家。为了能够让学生对汉语言文学产生兴趣，可以让其通过了解不同的文学家来提升对汉语言文学的兴趣。每周或者每两周，教师都可以选择一个固定的时间来介绍一位作家的生平和作品。在这一过程中，不仅需要教师进行组织，还需要学生切实参与到这一活动中来。对于学生而言，对汉语言文学的兴趣往往都开始于对某个文学人物的着迷，因此，利用文学家来帮助学生深入学习汉语言文学的内容具有重要的意义。从某种程度上看，这种以文学家为主的活动也能够有效帮助学生理解相关的文本，在了解了一位作家的生平之后，阅读他的作品时就会产生更加深刻的认知，对提升阅读水平有重要作用。

汉语言文学专业要认清现状，并结合现状利用新媒体对自身进行优化，使用网络资源丰富教学内容，创新教学方式，建立多元化、多样化的教育方式，利用新媒体举办汉语言文学相关活动等。这些形式能够有效推动汉语言文学教学的进步。

# 第三节　高校汉语言文学专业教学方法

为了提高我国汉语言文学教学效率，加强学生对汉语言文学教学的认识，培养学生汉语言文学的应用能力，本节分析了高校汉语言文学专业教学现状和高校汉语言文学专业教学方法改革的重要性，并对高校汉语言文学专业教学方法的改革进行深入研究，为提高高校汉语言文学教学质量提供重要依据。

## 一、高校汉语言文学专业教学现状

首先，我国高校汉语言文学教学模式还以传统的教学模式为主，在教学中以教师和教学大纲为中心，教学方法也多以讲授知识为主，使学生在教学中处于被动状态，长期下来形成学生对教师过于依赖、对教材大纲一味顺从的现象。学生课外阅读量很少，写作与理解能力也受到限制，使该专业的学生专业基础得不到巩固，同时由于在教学中教师将教学重点单纯讲述给学生，使学生在教学中缺乏动脑和动手的机会，学生创造性思维的培养与创新能力的提高受到阻碍。因此在高校汉语言文学教学中，以教师为主体的教学方法在一定程度上影响汉语言文学专业的教学效果。

其次，在我国高校汉语言文学教学中，教师教学方法传统单一也是学生学习汉语言文学缺乏兴趣的重要因素之一。教师在教学中以讲授的方式开展汉语言文学教学，学生单纯地记笔记，对重点知识进行机械记忆与理解，不利于汉语言文学知识应用能力的提高，教师在教学时为了追赶教学进度，忽略了汉语言文学的特点，汉语言文学作为语文教学的一种，不仅要求学生通过学习汉语言文学提高语言表达能力，还要通过学习汉语言文学提高写作能力与理解能力，而教师在教学中往往忽略了这一点，盲目地使用传统讲授的方式授课，学生在课堂中缺少对自身语言表达能力和写作能力的锻炼，不利于实际应用。

再次，我国高校汉语言文学教学中缺乏实践性教学，使汉语言文学教学内容脱离了实际，脱离了生活现实情境，进而阻碍了汉语言文学教学效率的提高。语言的学习与表达离不开具体的语言环境，而高校汉语言文学教学中教师将教学束缚在课堂中，并采用传统的教学方式进行教学，学生感受不到汉语言文学的语言色彩和文学艺术，使汉语言文学教学陷入困境。

最后，在汉语言文学教学中，由于学生的兴趣爱好不同，所以学生对汉语言文学形式的喜好也不同，有些学生喜欢文学作品欣赏，有些学生喜欢文史知识。如果教学内容涉及学生喜欢的内容，学生就兴致盎然地学习；如果教学内容涉及学生不喜欢的内容，学生就消极地被动接受。倘若教师没有正确地引导学生认识汉语言文学，那么教学质量将得不到提高。

## 二、高校汉语言文学专业教学方法改革的重要性

首先，高校汉语言文学教学方法的改革，使我国汉语言文学在高校的发扬与继承中得到了进一步推广。传统的汉语言文学教学方法以教师和教学大纲为中心，使学生失去了课堂主体地位，而改进教学方法后，可以使学生成为教学的主体，而教师仅作为教学课堂的辅助者。学生发挥了自身的主体意识，积极主动地参与到教学中，对提高汉语言文学教学效率具有十分重要的意义。

其次，高校汉语言文学教学方法改革，突破了以往传统教学的局限性，教学以培养学生的实际应用能力为主。学生在实践中学习，通过结合生活实践，学生掌握了汉语言文学的表达技巧，提高了学生的语言表达能力和写作能力，学生在实践中得到锻炼，对培养学生分析和解决问题的能力也很重要。

再次，在高校汉语言文学教学方法改革后，学生们将在教师的指导下对教学内容进行研讨、分析。这不仅提高了学生探究问题的能力，还丰富了学生对汉语言文学知识的认识，对提高学生的文化底蕴和文学素养具有重要作用。

最后，目前高校汉语言文学专业开设的课程主要有现代汉语、古代汉语、

语言学概论、中国古代文学、中国现代文学、外国文学、中国当代文学、美学概论、影视概论等课程，这些丰富的汉语言文学课程极大地丰富了学生的文学知识，不仅能够提高学生的人文素养，而且还具有较强的实用性。因此，通过教学方法的改革可以使学生对汉语言文学产生浓厚的兴趣，对我国培养高素质综合型人才具有重要意义。

## 三、高校汉语言文学专业教学方法的改革研究

### （一）以研讨式教学法培养学生的创新能力

研讨式教学法是一种比较常见的高校汉语言文学专业教学方法，目前已经广泛地应用于高校汉语言文学课堂教学中。研讨式教学法有效地提高了学生学习互动能力，能够充分拓展学生的视野，增强学生的学习积极性，锻炼学生的语言思维能力，进而达成汉语言文学高效教学的目的。在高校汉语言文学教学过程中有效地应用研讨式教学法应当从以下几个方面入手：首先，教师在设立研讨问题时应当抓住文章的主旨，并以此为突破口引导学生对文章进行深度研讨；其次，教师在引导学生进行课堂探讨时不应局限于教学范围，应当从作者的时代背景与人生经历出发，结合作者的相关作品，将教学研讨提升到较高层面的语言文学中；最后，在研讨教学过程中，教师应当学会倾听，肯定学生的个人认知能力与思维能力，将自己定位成研讨的参与者，积极鼓励学生参与研讨，以此提高学生的汉语言研讨与思维能力。

### （二）以课外实践教学法增强学生综合能力

汉语言文学教学具有较强的应用性，因此，应将汉语言文学教学与实践相结合，使学生在实践中学习，通过实践加强对汉语言文学教学内容的理解。只有将汉语言文学教学理论知识与实践相结合才能有效地培养学生的语言

表达能力和写作能力，使学生在汉语言教学内容中学到的知识完全应用到现实生活中去。只有将汉语言文学教学应用到具体的实践中，才能使学生真正学会应用所学知识，达到学以致用的教学目的。

### （三）以灵活的评价方式培养学生的学习兴趣

评价是教学课程的关键环节，科学、灵活的评价方式是促使评价发挥其最佳效果的关键因素，因此在汉语言文学教学方法改革中，要注重采用科学、灵活的评价方式对教学进行评价。在汉语言文学教学中，教师的评价时间往往花费在对课后作业和考试成绩的评价中，将考试成绩作为最终的评价标准，这种教学评价具有一定的局限性，它束缚了学生的思维能力和创新能力，因此汉语言文学教学方法的改革对不同教学内容需要采用不同的评价标准。如对一些鉴赏性的文章，要将课堂中学生对文章鉴赏的程度和对文章的把握程度作为评价的标准；对一些提高写作水平的文章，教师应将学生是否对教学重点做了笔记、是否养成了良好的自学习惯等作为评价标准；针对一些开放性较强的文章教学时，教师应当将学生的理解深度以及思维是否具有创新性作为评价标准。只有采用科学、灵活、公平的评价方法对教学效果以及学生的学习效果进行评价，才能培养学生的学习兴趣。

近年来，汉语言文学专业为我国培养了大量的专业人才，将我国的汉语言文学知识不断发扬光大。同时，还有很多的汉语言文学人才被引进到其他国家教授汉语言文学知识，将我国的汉语言文学知识推向国际，使更多的外国人学习和认识中国的汉语言文学，对提高我国的国际竞争力具有重要作用。在高校汉语言文学教学中，只有使学生积极主动地学习汉语言文学，才能使学生真正地了解与体会汉语言文学的意义和文学价值。

# 第四节 汉语言文学教学方式的革新

社会快速发展，汉语言文学教学需要与时俱进，教学方式也需要革新。应积极优化汉语言文学教学理念，拓宽教学思路，运用现代多媒体技术创新教学方法，激发学生对汉语言文学的学习兴趣，并注重实践，在学习汉语言文学过程中开展良性互动，强化学生对汉语言文学的认知，推进汉语言文学教学活动的高效开展，以便更好地满足社会发展的需求。

## 一、当前汉语言文学教学方式存在的问题

### （一）教学方式单一，教学方法落后

当前，汉语言文学的教学方式单一，这是影响汉语言文学教学质量的重要原因。汉语言文学教学方式应当是丰富且多样的，只有满足这一条件才能够有效激发学生的学习兴趣，赋予汉语言文学教学以生命力，激发学生对汉语言文学的学习兴趣，提高汉语言文学教学成效。汉语言文学是中华文化的瑰宝，蕴藏着悠久的历史，而在单一的教学方式下，仅仅依靠让学生死记硬背来开展汉语言文学教学活动，势必会影响汉语言文学教学的整体效果。因此，在汉语言文学教学过程中，单一的教学方式是影响教学成效的首要问题。

在现代社会中，汉语言文学教学方式只有通过不断创新，才能够更好地适应现代教育环境下汉语言文学的教学需求。当前，汉语言文学教学方法落后，学生参与汉语言文学活动的积极性不高，这不利于学生创新思维的培养以及学生探究能力的形成。在汉语言文学教学过程中，很多教师仍沿用过去的教学模式，让学生通过死记硬背的方式来掌握汉语言文学知识，这是当前汉语言文学教学中比较普遍的现象。但实际上，这种教学方式极易令学生产

生厌倦心理，甚至对汉语言文学的发展造成阻碍，不利于汉语言文学的传承，因此，汉语言文学教学方法亟待改善和创新。

### （二）实践环节缺失，学生认知不足

任何一项教学活动的开展，都需要理论与实践的协调配合，没有了实践，理论将是空洞的。在汉语言文学教学过程中，实践是一个重要环节，关系着学生语言表达能力的强化以及汉语言文学水平的提高。但就当前汉语言文学教学的整体情况来看，普遍存在实践环节缺失的情况，导致学生汉语言文学理论知识向实践技能的转化缺乏可靠的平台，不利于学生更好地吸收和内化汉语言文学知识，甚至在一定程度上制约着学生语言表达能力的增强以及文学修养的提高。在汉语言文学教学过程中，部分教师单纯重视理论知识而忽视了实践教学的重要性，不仅导致汉语言文学理论与实践无法实现紧密协调，还制约着学生应用能力的提升，导致教学效果不理想，无法满足现代教育环境下双向型人才培养的整体要求。

汉语言文学是高等教育中的一门重要课程，关系着学生文化修养的提升，对学生的人生发展具有重要意义。但就当前汉语言文学教学的整体情况，部分学生对专业的认知不足，参与汉语言文学活动的积极性不高。有的学生在学习汉语言文学时态度不端正，这就导致汉语言文学教学成效并不理想。

## 二、汉语言文学教学方式的革新策略

### （一）营造良好氛围，强化学生认知

在汉语言文学教学过程中，为促进教学方式的创新优化，教师应科学运用多种手段营造优良的汉语言文学教学氛围，强化学生对汉语言文学的认知，激发学生对汉语言文学的学习热情，从而改善汉语言文学教学成效。在

实际教学过程中，教师可创设优良的汉语言文学教学情境，采取角色扮演等教学方式，带领学生开展模拟训练，充分发挥学生的主体作用，深化学生对汉语言文学作品内涵的感知，激发学生的情感体验。在此种教学方式下，学生参与汉语言文学活动的积极性更高。在这一教学过程中，教师应积极整合汉语言文学资源，创设角色扮演情境，营造生动、和谐的氛围，调动学生积极性，使学生参与到汉语言文学学习的活动中，建立和谐的师生关系，并且在潜移默化中提高学生的汉语言文学水平。

## （二）创新教学方法，激发学生兴趣

汉语言文学教学的教学方法多种多样，如文学常识类的问题，学生主要靠识记来掌握。而文学作品的批评等主观思想的问题，则要求教师激发学生的个性化思维，学生可以各抒己见，从不同角度得出自己的结论。在现代教育环境下，汉语言文学为全面提高汉语言文学教学质量，应积极创新教学方式，突破传统汉语言文学教学的局限性，通过使用多媒体，可以丰富汉语言文学教学内容，利用图像、声音及文字的协调作用，吸引学生的注意力，激发学生的学习兴趣，改善汉语言文学教学质量。为促进汉语言文学教学方式的创新，必须要充分尊重学生的主体地位，结合汉语言文学教学需求及学生文学水平，运用互联网资源搜集汉语言文学教学相关资料，确保其能够为汉语言文学教学而服务。在汉语言文学教学过程中，应积极创新教学方法，令学生感知汉语言文学的魅力，通过汉语言文学知识的主动探究，来锻炼学生的语言组织能力与自我表达能力，从而促进高效教学的顺利实现。

## （三）加强实践环节，开展良性互动

在汉语言文学教学过程中，为促进教学方式的有效创新，应针对当前汉语言文学教学方式存在的问题开展客观分析，积极加强实践环节，引导学生开展良性互动，巩固学生所学汉语言文学知识，并强化其实践应用能力，从而改善汉语言文学教学成效。在汉语言文学教学过程中，教师应积极更新教学理念，高度重视汉语言文学教学的重要性，为汉语言文学活动的开展创造优良条件，鼓励学生参与到汉语言文学活动中。通过汉语言文学活动的开展，激发学生的创造性思维，为师生之间和学生之间良性互动创造空间。在汉语言文学教学过程中，促进理论与实践的紧密结合，在潜移默化中锻炼学生思维能力，激发学生的创造力，提高学生的汉语言文学水平，为学生的全面发展奠定基础。在教学过程中，教师可运用现代多媒体方式营造优良的课堂教学氛围，激发学生参与教学活动的积极性，促进教学方式创新优化。

汉语言文学教学实践性在于听、说、读、写能力的养成，要达到"能读会写"的目标应多阅读经典，多写文章。读的目的在于充实、丰富人的精神生活，提升人的精神境界，写的目的在于创造、创新。正因为如此，在教学中，教师要让学生参与到学习活动中，在学习中领悟精神，并注意引导学生不断总结，形成良好的汉语言文学素养。在教学中，教师应鼓励学生进行模仿性写作，并且应该鼓励学生在多读的基础上进行创作。教师还应鼓励学生多写读书札记，让学生养成"不动笔墨不读书"的良好习惯。

汉语言文学教学方式的创新，应积极优化汉语言文学教学理念，拓宽教学思路，运用现代多媒体技术创新教学方法，激发学生对汉语言文学的学习兴趣，使学生在掌握理论知识的同时注重实践。

# 第四章　汉语言文学教学的实践应用

## 第一节　信息技术在汉语言文学教学中的应用

信息技术的应用能够有效提高教学效率，并能够帮助学生提高学习兴趣。在汉语言文学教学方面，信息技术的应用还比较少。因此，教师应不断加强自身能力，合理应用信息化技术，辅助性提高汉语言文学的教学质量和效率。信息技术在汉语言文学教学中的应用能够有效提高教学效率，帮助学生提高学习兴趣和能力。本节分析了当前信息技术在汉语言文学教学中存在的问题，并提出了信息技术在汉语言文学教学中的应用，最后探究了信息技术的具体应用方法。

## 一、信息技术在汉语言文学教学中存在的问题

### （一）教学设备不足

信息技术的采用离不开相关技术与设备的支持。然而，当前很多学校在

设备的投入方面做得还不够，导致教师难以真正实现汉语言文学的信息化教学。信息技术往往包括多种技术，如计算机技术、网络技术、多媒体技术等，这些技术对教学的硬件以及软件都有一定的要求。当前很多学校的招生规模越来越大，他们在信息技术方面的投入已经无法满足学生的需求。此外，由于信息技术的发展十分迅猛，各类技术都在不断地更新换代，如果不在信息技术上及时更新，则很可能导致技术之间无法兼容，进而造成数据传输问题和信息技术的使用问题等。因此，教学设备匮乏，信息技术投入不足、更新较慢，会导致汉语言文学难以实现信息化教学。

## （二）教师教学能力不足

为了将信息技术应用于汉语言文学教学中，要求教师必须具备相应的能力，将信息技术真正融入汉语言文学教学过程中。目前，仍有一部分教师停留于传统的板书以及灌输式的教学方式上。一方面，他们不愿意改变传统的教学模式和教学思维；另一方面，他们的信息技术能力不足。因此，他们难以充分合理地对信息技术进行应用。教师的教学能力主要体现在他们对信息技术的应用能力，课堂教学互动能力，以及课后的反馈激励能力等多个方面。这些能力的培养和积累，需要教师在平时不断提高自身教学能力，学习新的信息化技术、正确认知信息化教学的优点及要求，从而更好地提高汉语言文学的教学效率。

## （三）缺乏信息化教学机制

信息化技术在汉语言文学教学中的应用还处于起步阶段，需要通过教学机制来保障应用的顺利进行。然而当前很多学校在信息化技术应用方面还没有形成一个完整的体系，教学机制的缺乏将阻碍信息技术的应用效率和效果。教学机制的应用主要包括信息技术的应用目标，应用效果的考核等方面。很多学校对信息技术在汉语言文学教学中的目标并不明确，只是盲目推行信息技术。同时，对于目标的设定方面过于宏观，导致难以真正指导信息技术的应用。此外，作为对教学应用效果的评价，信息技术的应用考核能够有效对技术应用存在的问题进行总结和分析。然而，当前很多学校都缺乏针对信息技术应用效果的考核标准。受传统观念的影响，很多学校的考核标准都过于注重学生对书本知识掌握情况的考核，忽视了课堂教学过程中学生的参与度以及学生积极性的考核，导致考核机制难以与当前信息化技术背景下的教学模式相适应。

## 二、信息化技术在汉语言文学教学中的应用

### （一）提高学习能力

汉语言文学的学习包括了很多方面，如词汇、语法、修辞等。语音、文字部分包括培养学生读准字音、认清字形、掌握汉字基本意义的能力，语法和修辞等则主要是指在汉语言文学中的常用语法规则以及各类修辞的手段和方法等。传统的汉语言文学教学方法往往采用简单的板书，或者上课跟读等方式来进行。这样的方式不仅效率低，形式还过于枯燥，不利于学生的学习。而通过信息技术的应用则能够借助自身优势，通过多媒体等教学设备，对汉语言文学中的各类文字进行辨析，通过形象生动的多媒体展示，帮助学生更好地辨析不同文字和词汇间的区别，明确不同字词的读音以及含义。学生可以通过这些软件观看生字的笔画、笔顺、部首、间架结构、正确读音和汉字编码，同时跟随教学软件进行听、说、读、写等全方位的训练。信息技术的辅助可以更好地实现学生与教师之间的互动，明确汉语言文学中的各类语法修辞，并通过文章的阅读和写作实践，在课后更好地巩固汉语言文学

知识。

## （二）提高阅读能力

当代汉语言文学的教学需要更注重学生自主学习能力的培养，尤其是对文学作品的阅读能力的培养。通过信息技术，能够更好地辅助学生进行相关汉语言文学作品的阅读，通过网络技术更好地对作品进行检索和下载，在网上查阅相关的阅读材料，辅助学生更好地了解文学作品的基本背景和作者的基本情况，从而在阅读时能够更好地了解文章的主旨。通过信息技术，学生能够快速下载并阅读文学作品，并及时将自己阅读感想与其他读者进行实时交流与共享，从而更好地帮助学生提高他们阅读文学作品的能力。

## （三）提高写作能力

随着信息技术的不断发展，学生的写作方式以及写作要求也面临着巨大转变。多媒体技术、网络技术以及计算机技术的应用，使得学生的文学写作逐渐从原来书面化的方式转为电子化的书写方式。通过计算机技术的支持，文学写作的效率将大大提高。此外，多媒体技术的发展使写作不仅仅局限于传统的文字，其逐渐朝着图文并茂的方向发展，有时还会插入相关的视频和音频。这样的写作方式使得学生的文学创作更加多样，也能够更加代表他们个人的风格和特点，同时，也能够更好地激发起他们的写作兴趣。通过网络技术的支持，学生能够更快地将自己的文学作品与其他人分享，也能够直接得到读者的反馈。信息化背景下的汉语言文学写作形式将会更加多样化，面对的读者群体也会更加丰富，与读者之间的交流活动也会更多。信息技术的支持能够提高学生的写作能力，帮助他们更新写作方法，丰富写作内容，从而更好地获得读者的反馈。

# 三、信息技术在汉语言文学教学中的应用方法

信息技术的应用离不开学校的资金支持。为了加快信息技术在汉语言文学教学中的应用，学校应该在计算机、网络化以及多媒体技术方面加大投入，并定期对其进行维护。同时，还应加强对教师的培训工作，让他们更好地学习、掌握相关的信息技术，并鼓励教师将信息技术积极应用于汉语言文学的课堂教学中。在每学期的工作考核中，也应该加入对教师信息技术应用效果的考核，一方面对教师形成激励，另一方面也让教师在评价结果的基础上进行改进。为了让学生更好地应用信息技术，教师必须不断培养他们对技术应用的兴趣，将教学模式从传统的灌输式方式转为互动式、启发式的教学。在教学过程中通过多媒体技术，利用图片、文字、视频等方式不断调动学生的学习兴趣，营造轻松活跃的课堂氛围。在课堂之外教师也可以通过网络技术多与学生进行互动交流，多进行课外文学作品的阅读与交流，帮助学生更好地将所学的知识应用到文学作品的阅读以及创作中，通过教师的辅助，提高学生的学习积极性和主动性。

信息技术的应用能够有效提高汉语言文学的教学质量，且能够不断提高学生的自主学习能力。各高校应加大对信息技术方面的投入，加强对教师的培训，帮助他们更好地应用信息技术。此外，教师也应该不断提高自身素养，采用互动式的课堂教学模式，在信息技术的支持下，更好地与学生进行互动，提高学生学习的积极性和自主性。

# 第二节 微课在汉语言文学教学中的应用

当前，随着现代应用技术的发展，微课成了一种新型教育教学模式。微课是在科技时代发展潮流下应运而生的一种教学方式，它的运用效果正符合新课标及教学实践的要求，在未来的教育领域有非常广阔的运用前景。本节将从微课的概念、运用的优势以及实际运用中遇到的问题如何解决等方面展开研究。

微课是一种以录制视频为载体，传授教学内容的教学模式，其核心内容是课堂教学视频，主要包括教学设计、素材整理、教师总结、学习反馈等。微课除了可以作为学生学习的资源，也可以作为教师教学训练和反思总结的资源。微课是学生自主学习的优良载体，更是传统课堂教学的一种补充和拓展。因此，在汉语言文学教学中，微课可以让教师逐渐明确自己的教学质量定位，并进行课后反思，然后慢慢将教学方式加以改进，从而使课堂更加高效，更好地实现教学目标。

## 一、微课的概念

微课，即微型课程，一般指在十分钟之内的视频课程。它是按照新课程标准而产生的一种新型教学模式。这种教学模式的主要特点是以视频简短、内容片段化为主。因为微课的主体很明显是以学生为中心，所以需要学生自主选择微课视频进行观看和学习。微课并非单向的灌输和传授，而是可以培养学生的思维能力。简短的视频时长也是微课能在学生中选择率较高的主要原因。将内容缩短在一个仅为几分钟的课时内，不仅知识点讲得精炼，而且可以让学生提起学习兴趣。所以，在新课标要求下设计的微课，实际上也反向提高了学生的自我学习能力。

## 二、运用优势

### （一）迎合该阶段学生学习情况

从大学学科的专业性来看，微课的特点能在教学过程中起到非常大的作用。对刚进入大学的学生来说，专业性强的课程，很可能是他们刚开始步入专业学习的障碍。而微课能够把教师在课堂上所要突出的重点、难点和疑点进行记录，并注重反映课堂的某一个教学环节，学生在利用其学习时，能够自己抓住这些重点，从而更好、更快地跟上教师的教学进度。

### （二）微课自身的优势

微课利用人在最开始十分钟注意力最为集中的这一特点，将每节课主要内容的讲解控制在十分钟之内，以此达到提高学习效率的目的。将知识点细分，可以通过各类形式进行讲解。以动画形式设计微课的方式更能激发学生的学习兴趣，也能时刻吸引学生的注意力。

汉语言文学作为一门人文学科，有时内容比较抽象，如一些意境的描写全都依靠学生自己的想象力来体会。学生要想准确地掌握、理解作者当时创作的情感和思想并不是很容易，这要求学生理解能力强，想象力丰富。因此，教师如何在短时间内向学生展示汉语言文学的魅力以及自己所要表达的内容是汉语言文学专业教学的难点，这也是广大师生面临的需要解决的问题。微课可以很好地解决这一难题，它可以把抽象的问题利用视频、画面展现出来，使学生理解起来变得容易，有利于学生从感官角度去理解所学内容，从而提高学生的学习效率。

### （三）符合专业要求

本科阶段的汉语言文学专业在一定程度上偏向于对职业教师的培养。尤其是在一些师范类的汉语言文学专业中，学校重视培养语文教师。而微课本身作为一种教学模式，如果汉语言文学专业教师在课堂上利用微课展示给学生，同样能够作为一种教学资源。学生既可以以微课中的教学内容为学习资源，也可以用微课这种模式对有关教学方面的内容进行研究。除此之外，学生在实习或是在参加教师资格证面试考试的时候，可以将微课作为自我学习进步和锻炼教师专业素养的途径。

微课教学在汉语言文学专业中的应用应注重培养学生学习汉语言的兴趣和积极性，为学生以后的自主学习提供良好的基础。同时，教师在微课教学中要注重创新，注重培养学生的文学素养，突出学生这一主体，运用自己的丰富教学经验来引导学生对文学的感知能力，利用现有的多媒体以及发达的网络营造出轻松愉悦的教学氛围。教师做的这些都有利于学生对该专业的热爱和学习。同时，微课还可以拓展学生乃至教师专业课以外的知识内容，帮助学生拓展自己的知识面，符合现代发展要求，符合现代教学目标，符合汉语言专业教学的特征。因此，微课教学对完成汉语言文学专业教学任务有积极意义。

## 三、优化微课应用

微课是教与学全过程的体现，在教师制作和学生选择学习方面还需要重视一些问题。

### （一）教师制作微课

这里的教师制作微课，是指该教师倘若想设计一个微课课程所应该选择的方式。因为微课的类型多样，所以授课方可能不止一个人。例如，当微课是以动画的形式进行讲解知识点的内容时，它的设计方就是一个教研团队。虽然微课已经有了时间短、能够抓住学生注意力等优势，但在制作微课时，仍要求保证微课的质量。现在许多教师制作的微课质量还有待提升，究其原因则是由于他们没有从传统的课堂里面解放出来。因此，教师需要进行更进一步的探讨研究，不仅仅是在知识方面，还应在学生学习状况方面多加了解。只有抓住授课主体，才能真正地将微课制作好，使其更加有质量。另外，要注意不要过于利益化，逼迫学生进行视频学习，因为这样往往会导致学生完成任务式地进行刷课，从而失去了制作微课的真正意义。

### （二）学生选择微课

由于微课在一定程度上是需要学生进行自我选择的，所以他们不仅需要选择各类、各阶层的教师，还需要辨别该课程的优劣性，即要选择好的教师和好的课程，这样才能将微课所能带来的价值体现出来。因此，在学生选择微课时，教师应该给予学生正确的指引，防止学生选择的方向有误，而耽误了学生良好的学习时期。除此之外，学生应该在这方面具备一定的识别能力，在多数的课程当中，选择最优质的课程进行学习。此时学校应该提供一个资源共享的平台，即帮学生选好课程，及时更新微课的教学资源，广泛采用多所学校、多名优秀教师的微课，也可以增加一些提建议或者意见的渠道，让学生逐渐学会如何挑选好的微课。

## 四、实施微课的意义

### （一）提高学生学习的主动性和自主性

教师制作微课视频的过程，也是一个自主学习的过程。首先需要有视频设计、构思等，这些能促进学生自我学习。同时，微课视频能满足学生对不同学习内容、知识点的个性化学习要求，既有共性又有个性。每个学生在学习期间可以按自己所需有选择性地学习，在学习的时候既可以查缺补漏，又能强化巩固已学知识点。

另外，微课作为一种新型的教学模式，是学生课堂学习外的一种延伸，以一种全新的方式激发了学生的学习热情。微课教学打破了以往传统教师站在讲台上的授课方式，而使教师真正成为身边的导师、领路人。

## （二）提高教师专业化教学水平

汉语言文学相对来说有一定的高度和深度，在实际的教学过程中，要求教师注重教学方式方法。教师在教学中可以从文学内容的选取和设计上考虑如何优化微课课程。教师可以从文学作品的写作背景、时代背景着手，再根据文学作品主题、主线、主要内容依次展开。最终，达到课件内容丰富有趣、通俗易懂，降低学生的学习难度，更大程度地激发学生的学习兴趣。

教师制作微课视频时，一般会选取设计课题、课件主题等，这就要求教师明确自己的教学目标以及教学内容，或有针对性的某个重点、难点等，使整个教学过程更加灵活有趣，这对教师也是一次学习和提高的过程，可以加深对该知识点的进一步理解。

另外，微课制作可以开阔教师的视野。要想制作优良的视频，教师必须掌握足够的知识点，必须翻阅大量的资料，所以说这是一个拓展教师知识面的过程，同时这也是对教师专业化水平提升的过程。

还有，微课的制作需要掌握现代化的技术，如计算机操作和应用技术，录制以及各种软件的运用等。这就要求教师与时俱进，努力学习新知识、新技能，随着社会的发展完善自己的知识体系。所以，对教师来说，知识面拓宽了，应用技术掌握得更全面了，才能够更加自如地在教学中展现出自己的水平。

通过微课教学，教师在教学中丰富了自己的教学经验，提升了自己的研究能力和专业化教学水平，促进了教师的自身成长，这是一个良性循环、循序渐进的过程。

## （三）方便、易保存

相对于纸质资料，微课视频资料占地小、易保存。优秀的、有保存价值的视频资料可以永久保存，随时供人们查阅和修正。学生或者教师只要将微课视频资料下载到手机或电脑上，就可以随时随地进行反复学习。对缺乏名师指导或者交流不便、信息落后的学生来说，微课是不仅是一个个优质的资源，更是一种好的学习方法，对开展教育教学研究大有益处。

## （四）符合时代发展要求

在汉语言文学专业实施微课教学，符合当今社会时代发展潮流，这也是当今社会新型应用技术下应运而生的产物。网络的发展为微课在教学中的运用奠定了技术基础和支持，让微课的传播和使用更加方便和广泛，是对传统教学模式不足的有力增补和改革。微课为广大学生学习降低了门槛，有利于推进教育教学的发展。

微课也在不断的发展当中，教师和学生都是推动它的力量，它不仅在玩转课堂，也在创新课堂，能让教学质量得到进一步的提升。教师用心制作微课，那么微课的应用价值也将在教学质量上明显体现出来。将微课应用于汉语言文学教学当中，也将是提升该专业教学质量的良好策略。

# 第三节 茶文化在汉语言文学
# 教学中的应用

随着我国教育体制的全面深化改革，各大高等院校纷纷积极筹划基础课程改革方案，以此来实现与社会和国际接轨。汉语言文学作为中西方文化思想交流的重要载体，也是诸多院校所开设的一门基础课程。中国作为茶文化的发源地，也是继承和发扬茶道精神的主导国家，茶文化与汉语言文学的相互融合不仅有利于茶文化的宣传和发扬，还有利于汉语言文学教学质量的提高。基于此，本节将重点研究和探析茶文化在汉语言文学教学中的应用策略。

汉语言文学教育教学质量的提高必须建立在课程的全面改革之上，尤其是要对课程内容、教学理念和方式进行彻底改革。作为一门语言艺术学科，汉语言文学研究与应用尤为重要。就我国院校汉语言文学教学现状来看，依然存在教学理念陈旧、教学方式单一、理论联系实践不够紧密等问题。究其原因，主要是由于教学理念、教学课程的发展与时代发展不同步，教育教学资源力量不足，教学内容形式单一等。茶文化作为我国传统文化的重要组成部分，影响到多个领域和行业的发展与变革。将茶文化有效应用于汉语言文学教学过程中不仅能够满足新课程改革相关要求，还有利于茶文化的传承和汉语言文学创作水平的提升。

## 一、茶文化的内涵及价值

在中国传统文化被日渐重视的当下，在新课程改革的理念与背景下，茶文化的应用形式也日益多元化。尽管如此，茶文化的内涵、价值却始终如一，没有发生过本质性的变化，茶文化的价值底蕴依然存在。茶文化当中的丰富文化内涵一方面是茶文化价值体现的重点，另一方面是茶文化价值的完整诠释。茶文化是我国传统文化的重要构成部分，也是传统文化的精髓，通过探讨、分析茶文化的内涵及价值可以发现茶文化具有一定的时代特点，内涵性、时代性作为推动茶文化发展的核心动力，尤其是从时代发展的层面去理解茶文化，能够发现茶文化的特殊价值和意义。茶产业的发展依赖于茶文化理念，茶文化的应用不仅仅是文化的集成和发扬，更加注重其内涵的阐述和价值的整合。

近年来，随着茶文化在各行各业、多个领域当中的应用日益成熟，茶文化发展机制也在不断健全和完善，茶文化发展机制更具内涵和价值。茶文化内涵的形成基于社会公众的普遍认可和赞同之上，茶文化中所包含的素材、内容都源自人们真实的生产生活，特别是茶文化当中的素材与社会公众的理解和认可有关。

## 二、茶文化融入汉语言文学教学的重要作用

首先，茶文化融入汉语言文学教学当中有利于激发学生的阅读兴趣。由于学习汉语言文学的学生并非全部为中文专业，一些非中文专业学生对汉语言文学的理解能力较差，进而失去阅读和学习汉语言文学的兴趣。因此，要激发学生的阅读和学习兴趣，锻炼学生良好的心理素质，只有这样学生才能加深对汉语言文学的理解程度，才能避免浮躁不安，保持良好的阅读心态。茶文化的静态化思维模式在学生兴趣激发方面发挥着举足轻重的作用。

其次，茶文化融入汉语言文学教学当中有利于学生阅读能力的提高。日常的汉语言文学教学仅仅是为学生灌输汉语言文学的基础知识和基本架构，

如果想要达到融会贯通、学以致用的目的，必须要从学生层面发挥作用，充分发挥学生的主观能动性。茶文化的有效融入和应用，可以提高学生的阅读能力，学生可以利用课外时间进行自助探索和研究，凭借自己的潜在能力来营造良好的阅读环境。

最后，将茶文化融入汉语言文学教学当中有利于养成良好的思考习惯。与西方文学相比，汉语言文学与其存在较大的差别，一方面体现在思维方式上，另一方面体现在事物描述方面。我国学者在内心思想表达过程中善用拟物的手段，与自身的思维意识、思考习惯相一致。因此，在汉语言文学教学过程中，要培养学生良好的思考习惯，而我国传统茶文化当中的"思"元素，可以给予学生思维方式的启迪。

教学理念的创新程度直接影响到最终的教育教学成效。汉语言文学教学过程中，教学理念的创新不仅能够激发学生学习兴趣，而且增加了教育教学活动的趣味性，有利于学生思维开拓和创新意识的培养。然而，就当前的汉语言文学教学现状来看，教学理念陈旧、落后，教师依然沿用多年以前的教学模式，易让学生产生疲劳感和抵触情绪，影响到教学活动进度，也会影响到汉语言文学的发展及应用。

作为我国优秀文学的重要组成部分，汉语言文学所蕴含的中国传统文化十分丰富，意义重大。然而，我国汉语言文学教学过程中普遍存在教学模式单一、教学方法落后的问题，相当一部分教师以课堂"填鸭式""说教式""满堂灌"等授课方式为主，课堂教学环境枯燥无味，学生对学习汉语言文学的兴趣不浓，甚至产生厌倦心态，直接制约和影响到汉语言文学的教育教学质量。汉语言文学教学模式和方式的改进和创新是提高我国汉语言文学教学质量的关键。

目前，我国汉语言文学教学普遍存在重理论、轻实践的问题。实践是检验教学成效最有效的方法之一，汉语言文学教学当中的实践教学尤为重要，但是实际教学过程中却缺少实践教学，学生对汉语言文学的理解和掌握仅仅停留在理论层面。理论与实践结合不够紧密，最终导致学生汉语言文学的解读、应用和表达等能力不足。因此，理论与实践结合不紧密是汉语言文学教学当中存在的主要问题之一。

## 三、茶文化在汉语言文学教学中的应用策略

### （一）加大资源配置力度

汉语言文学教学过程中需要得到充足资源的有效支撑，教学资源是确保教育教学得以正常进行的重要资源，主要由人力资源、财力资源、物力资源等有形资源和学科资源、文化资源、专业资源、知识资源等无形资源构成。从当前我国茶文化在汉语言文学教学中的应用现状来看，最为紧缺的资源为财力资源，也就是教学资金十分匮乏。因此，茶文化与汉语言文学教学过程中需要政府及教育主管部门加大财政支持力度，通过加大教育经费投入可以引进和培养更多教育人才，并可以用于建立标准化、专业化的茶文化汉语言实践基地。同时，进一步加大资源配置力度，改进和优化设计思路，单独开设茶文化汉语言文学课程，彻底改革和创新传统教学方法，在充足的教育文化资源背景下，全面提高茶文化在汉语言文学教学中的应用水平。

### （二）创新教学理念及模式

首先，强化基础理论教育。从语言和文学两个层面入手，将茶文化内涵及价值等元素有效融入汉语言文学教学体系，在深度融合和全面渗透的基础上，用哲学、辩证的思维去看待、审视和思考，自然会从中受到一定启发。

系统、深入了解茶文化，掌握茶文化元素内涵及价值对汉语言文学教学有较大的启示性和指导意义。在汉语言文学教学过程中，在茶文化的理念下去审视、赏析艺术作品不仅能够为汉语言文学教学提供丰富的教学素材，而且可以带领学生更深层次的了解茶文化、探索茶文化。

其次，利用茶文化延伸和拓展汉语言文学教学理念及模式。一方面要通过专业化思维意识加以科学引导和全面统筹，将茶文化完全融入汉语言文学教材当中；另一方面要创新思维理念和教学模式，用精炼的汉语言去描述茶文化，用最原始的茶文化去指导汉语言。自古以来，中国汉语言文学发展历史悠久、源远流长，历朝历代的文人墨客都留下了大量的诗词歌赋，每一篇都是汉语言文学的佳作和精品，都能够作为典范和事例进行独立研究。将茶文化应用于汉语言文学教学当中，利用创新手法，有利于学生对传统文化有更为全面、深入的理解。

## （三）开展形式多样的茶文化体验交流活动

茶文化在汉语言文学教学中的应用不仅要注重课堂理论教学，还要高度重视课外实践、体验教学，尽可能开展形式多样、丰富多彩的第二课堂教学活动，在实践探索、亲身体验和相互交流沟通的基础上，可以将茶文化与汉语言文学结合得更为紧密。同时，定期或不定期组织茶文化知识讲座，邀请相关专业人士进行茶文化的讲解，尽可能多的开展校外、课外实践活动，增强学生的理论联系实践能力和动手操作能力，保持良好的阅读习惯，在感受传统茶文化的过程中，全面提高自身汉语言文学素养。

## （四）增强学生茶文化素养

茶文化在汉语言文学教学的应用过程中，要不断增强学生茶文化素养，可以采取煮茶、品茶、茶艺表演、论茶等方式，让学生亲身体验茶文化当中的"思""净""雅"等元素魅力，从思想上改变内心浮躁、作风漂浮等问题，能够心平气和淡然处世。同时，需要明确汉语言文学阅读书目和课程内容，教师要积极发挥示范和引导作用，提倡和鼓励学生利用课外业余时间进行汉语言文学的自主学习，在不断积累的基础上提高自身的能力和素养，最终形成良好的阅读习惯。

## （五）提高师资队伍建设水平

教师作为茶文化与汉语言文学教学有机融合的主导者和参与者，也是茶文化渗透到汉语言文学当中的实施主体。因此，茶文化在汉语言文学教学的应用过程中，需要加强对教师专业能力、业务素养等的培养，培养教师的现代教学思维理念和正确的教育观，帮助教师分清教学与科研之间的主次关系，不能因搞学术研究而忽视正常教学，也不能因忙于教学而忽视学术研究。同时，高校需要构建完善的茶文化汉语言文学教师教育培训机制，定期对该专业教师实施专业教育培训，并进行绩效考核，增强教师的责任感，提高教师的专业水平，以严格、公正的考核方式激发教师不断提升自我的能力，为茶文化在汉语言文学教学中的有效应用提供雄厚的师资力量。

茶文化融入汉语言文学教学当中的价值和意义重大，一是有利于促进汉语言文学教学发展，引导学生了解和掌握茶文化的精髓；二是有利于汉语言文学教学理念和方式的创新；三是有利于学生培养良好的思维和阅读习惯。通过利用传统茶文化来体现和传递汉语言文学的教学成效，利用汉语言文学作品进行传统茶文化的宣传和推广，二者相辅相成、相互关联、共生融合，在知识的传递和作品的赏析过程中体现价值、发挥作用，最终不仅利于茶文化的传承和发扬，还有利于汉语言文学教学质量的提高和汉语言文学作品的艺术赏析。

# 第四节　慕课在汉语言文学专业
# 教学中的应用

现代信息技术以及网络技术的迅速发展和广泛应用促进了社会各方面的发展，就其对现代教育的影响，无论是从教学理念、教学内容还是教学方式上，都产生了翻天覆地的变化。慕课作为在线教育中最热门的教育模式，以其大规模和开放性的特点满足了人们自身发展的个性化需求。随着慕课的影响范围越来越广泛，众多的教育学家开始重视对慕课教学的研究。基于这样的现实背景，本节以慕课对汉语言文学专业教学的影响为课题，首先论述了慕课的主要特点，在此基础上全面分析了慕课对汉语言文学教学的影响，最后给出了慕课模式下的汉语言文学教学研究的策略分析。

大规模开放性的在线教育给传统汉语言文学专业教学带来了很大的影响，慕课作为一种线上教学模式，既颠覆了传统的大学教学模式，又在一定意义上促进了汉语言文学专业教学的现代教育转型发展。从国内外研究的现状来看，国内外学者对于慕课对高等教育影响的研究很丰富，但是单就慕课对汉语言文学专业教学影响的研究总体上来说还较少。慕课作为新型的学习方式，肯定会影响到传统汉语言文学教学活动。那么，具体的影响是什么，传统汉语言文学专业的教学工作应该怎样应对，如何进行传统汉语言文学专业教学的现代教学改革等问题是本节论述的主要内容。

## 一、慕课的主要特点及其与传统网络教学的区别

论述慕课的主要特点，目的是突出慕课的新型教育模式，同样这些特点也是慕课喷井式发展的最主要的原因。对慕课主要特点的分析能够让我们

更加清楚地认识到慕课为传统汉语言文学教育带来的挑战以及它的现实应用价值，从而更加主动地去探索传统汉语言文学的教学改革。

## （一）慕课的主要特点

第一，高度的互动性。交互式教学是慕课与传统网络课程最主要的区别之一，整个教学过程融入了师生互动、生生互动，使得教学更具有针对性。第二，学习的便捷性。学习的便捷性主要体现在慕课网络平台的平台特性，能够不受时间和空间的限制，随时随地进行教学和学习，同时，便捷性还体现在学习理念的变化，学习者成为整个教学活动的主体，教师只发挥引导与辅导的作用。第三，受众的广泛性。慕课网络平台的开放性和规模化的特点能够迎合广大网络用户生活和学习的个性化发展需求，没有人数的限制，同样也没有条件的限制。第四，慕课的免费性。开放教育资源，实现终身教育是慕课的目标和宗旨。通过各个大学联合开设的网络学习平台，面向所有人免费提供优质的教育课程。

## （二）慕课对汉语言文学专业教学的影响

### 1. 慕课与传统教学模式的关系探讨

慕课与传统教学作为教育的两种教学模式，性质是一样的，都是实现学习者的个体成长，但是性能不一样，这就好比网络之于电视，汽车之于自行车。电视行业通过把网络技术应用到电视设备中去为电视行业的发展带来了新的活力，汽车的电气性能通过应用到自行车行业产生了摩托车、电动车等衍生产品，同样也实现了自身的发展。慕课对传统教学模式的影响既具有颠覆性，同时也为传统教学模式的发展带来了新的动力。因此，慕课与传统教学的关系本身是一种竞争融合的关系，并且融合大于竞争本身。而且，慕课的发展离不开拥有完善教学体系的传统教学的支持，其产生以及发展的历程都能够证实这一点。

根据慕课与传统教学模式关系的阐述，就慕课对汉语言文学的影响而言，主要包括两个方面。一方面是对传统教学的颠覆，主要表现为以下几点：首先是对传统教学固定场所的颠覆，慕课突破了时间和空间的限制，把高校汉语言文学的教学资源通过网络学习平台呈现给所有人；其次是对传统教学模式的颠覆，学习者通过自己的需要选择课程，而不是统一制订学习内容，进行统一的教学，学习者成为教学的主体，拥有选择学习内容的权利；最后，慕课教学模式能够实现个性化发展需要，使得教育因材施教得到更充分的发挥，改变了传统汉语言文学专业教师资源缺乏而不能够充分重视个体发展需要的现状。另一方面，慕课这种学习方式更能够提高学生的学习能动性和学习效率，这也是目前我国汉语言文学专业教学课程内容设置所不能比拟的。当然，慕课相比传统汉语言教学模式也有很多的缺陷需要进行完善和改进。因此，新旧教学模式的相互借鉴才能够更好地实现当前我国汉语言文学的发展。

## 2. 慕课对汉语言文学教学的启示

慕课通过对全世界教育资源进行整合，把优质的教育资源通过开放式网络学习平台免费提供给社会所有人，既推动了教育资源的优化配置，也促进了全球知识共享的发展。对我国汉语言文学教育来说，要结合我国教育资源建设的实际情况，迎合教育发展的趋势，在高等教育改革纲要的指导下，深化我国汉语言文学教学的教学模式改革，特别是网络平台开放式的汉语言文学教育资源的利用方面。具体启示主要体现在以下几点：

第一，加强高校间汉语言文学教育等相关领域的合作。慕课的快速发展是教育发展的必然选择，是知识共享式教育发展的主题。各高校要牢牢把握住这个现代教育发展的趋势,深化在汉语言文学专业教育领域的合作,通过高校间的优势互补,采用强强联合的方式打造优质的汉语言文学教育资源。同时,高校间还要加强汉语言教学经验的交流,尤其是网络在线教学的交流,并鼓励教师进行网络在线教学的积极探索,从形式到内容全方位的打造汉语言文学教育优质资源。

第二,推进教学理念的改革。改变过去传统的以教师为中心的教学理念,尊重学生的个性化学习选择,把以学生为主体的教学理念贯彻到课程选择、课堂教学、教学评估等各个教学环节中去。

第三,重视网络在线教育资源的利用。国家精品课程以及网络公开课等丰富的网络在线教育资源的开发与利用,把网络在线教育资源作为学生自我学习和教学课程开展的重要基地进行建设,探索开发我国汉语言文学专业慕课教学模式。

## 二、慕课模式下的汉语言文学教学

### (一)教学课程设计理念

慕课教学课程以小专题为模块,通过配备讲义以及小视频的形式进行授课。在作业设置上主要集中在重点知识点的测试反馈,作业反馈方式把同伴互评与自动批改相结合,通过论坛、学习小组进行课堂讨论。专题短小精悍的特性能够让学习者快速抓住重点,通过视频的讲解和测试反馈提高学生对知识点的理解程度。频繁的交流互动能够让学习者紧跟课程节奏,提高学习者学习的热情和自我学习的主动能力。因此,在慕课教学过程中,教师要把知识点进行浓缩并使之专题化,通过小单元的方式进行慕课视频的讲解和作业的布置,并通过网络社交软件广泛进行学习上的师生互动、生生互动，这样才能保证学习的质量。

## （二）利用大数据进行分析

分析是教学活动中非常重要的组成部分，它能够在促进学生学习反馈、深化教师教学研究等方面起到极为重要的作用。教师通过对汉语言文学专业学生的数据调查分析，总结汉语言文学专业学生的兴趣点在哪里，爱好集中在什么方面等。同时，针对学生能力状况以及整体学习状况的分析总结，在国家高等教育改革纲要的指导下，教师要重新进行汉语言文学教学内容的编排，将实际生活融入汉语言文学的教学内容中去，然后通过层次性的课程设置，对汉语言文学学生进行差别化教学。在这里，教师要注意对学生的学习效果进行必要的分析，通过大数据分析的结果，及时调整课程内容，只有这样才能够保证整个慕课汉语言文学教学的有效性。

## （三）重视交互式教学方式的运用

在一定意义上，慕课模式无不体现交互和分享的学习特点，交互式教学方式能够通过师生之间、学生之间的学习交流，促进学生的学习热情以及加深对知识点的理解。同时，交互式教学本身就体现了对学生主体地位的肯定和对个性化选择的尊重。在慕课汉语言文学的教学活动中，教师可以通过整理风格各异的优质教学资源，通过课程的优化设计，多方位的引导学生自主选择教学资源内容，通过加强师生之间的互动辅导学生难点、重点的学习，这样既有针对性，提高了课堂效率，又能够节省自己开发的时间与精力。引导、互动、交流以及共享，要作为汉语言文学教学慕课探索的重点来抓，只有这样才能够升华现代教育理念认识、丰富现代教学经验、实现现代教学探索。

慕课作为信息化时代的必然产物符合人们日益多样的生活需求，它的出现和快速发展必然会使传统汉语言文学专业教学模式面临挑战，而且这种挑战是具有颠覆性的。对此我们也需要换个角度来思考，慕课作为新型教育模式意味着它同样也是传统汉语言文学专业教学发展的机遇。在我国高等教育改革的大背景下，我们要保持清醒的头脑，理性分析慕课模式的优势，从长远发展角度，不断汲取慕课的先进教学成果，适时地把慕课模式引入汉语言文学专业，改变传统汉语言文学教学思路，通过优势互补，实现高校汉语言文学教学的巨大发展。

# 第五节　汉语言文学专业教学的应用性改造

汉语言文学专业拥有极其深厚的历史文化底蕴，旨在为社会培养专门的汉语言学科人才。在以知识传承和创新为学术基础、回报社会现实为学科使命的终极目标下，要关注汉语言文学专业教学的"技术应用型"改革理念和设想，积极培育技术型与应用型的创新人才，突破原有的学科中心化思维模式，实现汉语言文学专业由"知识中心"向"能力中心"的转化。

学校的人才培养目标逐渐向"应用型人才"的培育方向定位。汉语言文学专业教学也要思考自己专业的特殊性，思考汉语言文学专业的应用性，把握汉语言文学专业的应用性内涵，分析当前汉语言文学专业教学应用性改造中的问题和不足，积极探索汉语言文学专业教学的应用性改造路径，为培育汉语言文学专业应用型人才提供新的研究视野。

# 一、汉语言文学专业教学的特点及其应用性

汉语言文学专业教学相较于工程、建筑、医学、会计等专业教学来说，其特定的职业定位并不清晰和突出，较难与应用型人才的概念相契合。因此，对汉语言文学专业教学的应用性改造的思考要顾及该专业的特殊性特点。汉语言文学专业是传统的人文学科，涵盖中外优秀的文化遗产，以人类生存意义和价值关怀为核心，体现出对社会的责任感和使命感，以培养学生的人文素养、广博的知识、较强的分析归纳能力为重心。因而该专业的应用性并不体现于"技术"或"技能"等方面，而是着重于人的精神价值取向层面，对于汉语言专业教学的应用性改造要基于人文素养的前提之下进行思考，以学生的未来出路为基准和立足点，体现出该专业应用性改造的现实针对性。

对汉语言文学专业教学的应用性改造，我们可以从以下两个方面的因素来理解和认识：

## （一）就业视角下的汉语言文学专业的应用性

在现代教育人才培育的过程中，学生的就业是必须直面的现实问题和重要因素，尤其是在文秘、新闻、广告、公共管理等新的专业衍生之后，汉语言文学专业教学面临极大的挑战和竞争压力，面对自身在职业定位之中的困惑，汉语言文学专业教学显露出其他专业所没有的精神文化底蕴。因此，要结合汉语言文学的历史发展和就业现状，突破汉语言文学专业与职业性应用技能之间的界限，将新闻传播、文秘、社区文化管理、广告方案设计等与汉语言文学专业教学相链接和整合，使之成为汉语言文学专业教学的应用模块，较好地增强汉语言文学专业学生的动手实践能力和就业竞争能力。

### （二）深造视角下的汉语言文学专业的应用性

汉语言文学专业的应用性不仅可以帮助学生就业，而且还可以较好地应用于学生的深造和学习。要充分认识到学生深造的知识能力也归属于一种应用能力，要结合汉语言文学专业自身所具有的"厚积而薄发"的特点，培育高素质的应用型汉语言专业人才，使之具有一定的知识广度和深度，具有扎实的专业基础知识及较强的应用性知识。完善学生的知识体系，由扎实基础向增强后劲转变，由职业岗位技能和技术操作性要求的知识向完整系统的专业知识转变。同时，深造视角下的汉语言文学专业的高素质应用型人才还要具有一定的操作实践能力和创新能力，能够基于应用知识进行技术创新、二次开发和科学研究。另外，还要关注高素质应用型汉语言专业人才的非专业素养，要强调和重视汉语言专业人才的责任心、道德感、心理素质、意志品质、身体条件等综合素养的培育。

汉语言文学专业教学要强调应用性，并重视素质培养，强调专业素养且重视职业技能培训，在人本原则和理念的前提下，帮助汉语言文学专业教学实现由"在学习中研究"向"在研究中学习"的思维转换，更好地提升汉语言文学专业人才培养的层次，能够投身于广阔的社会各个层次的领域之中参与竞争，体现出汉语言文学专业学生的价值。

## 二、汉语言文学专业教学应用性改造中存在的问题

### （一）人才培养目标不够清晰

随着高等教育由"精英教育"向"大众化教育"转变的趋势，汉语言文学专业一度以来引以为豪的文化优越感正在逐渐丧失。在社会人才需求不断转换的背景下，汉语言文学专业教学的人才培育目标缺乏方向感，没有准

确地寻找到自身的人才培育定位，难以与社会的实际需求相契合。

## （二）专业课程设置欠缺合理性

汉语言文学专业教学的课程设置欠缺科学合理性，课程内容过于繁复芜乱，并显示出较为浓烈的专业色彩和理论色彩，没有注入时代的精神和内容，限制了学生的视野和思路，不利于学生未来就业方向的选择。同时，汉语言文学专业教学中的必修课和选修课之间存在比例失调的现象和问题，导致学生综合素养及能力下降。

## （三）应用教学实践存在缺失

汉语言文学专业教学在传统的教育理念的束缚之下，存在重知识传授轻能力培养的意识和观念，学生处于相对被动的学习状态，缺乏师生之间良好的互动，并且在汉语言文学专业教学的过程中，缺乏切合实际的教学实践活动设计，难以使学生的理论知识转化为实践能力，不利于调动学生的积极性和兴趣。

# 三、汉语言文学专业教学的应用性改造路径

## （一）明晰汉语言文学专业教学的人才培养目标定位

在原有的汉语言文学专业教学之中，没有从市场需求的导向，而是从学科专业的导向进行人才培育，只关注"学科专业培养什么样的人才"，而较少考虑"职业岗位需要什么样的人才"。而事实上，汉语言文学专业教学与其相对应的社会职业都需要极强的专业应用能力，如文秘职业、行政职业、传媒职业、编辑职业等。为此，将人才培养目标定位于"学科性"与"职业性"的结合，紧扣学校办学定位和社会职业岗位需求，不仅要具有基础性文科的特色，注重学生学科知识体系的完整性、系统性，还要重视对学生专业

应用能力的培养，使之与社会职业岗位需求相契合，以培育学生突出的专业应用能力为核心，由学科知识型人才培育向应用能力型人才培育转变，适度拓展汉语言文学专业人才的"广"和"博"，加大专业人才就业口径，增强其就业竞争力。

## （二）进行汉语言文学专业课程体系设计

在汉语言文学专业教学的应用性改造过程中，要从三个层面进行设计：从宏观层次上进行专业课程体系的设计，使之能够成为具体课程设置的统领；从中观层面上进行专业课程体系的设计，着眼于专业课程体系中各学科知识模块的分解和细化；从微观层面进行专业课程体系的设计，注重各模块对应的课程设计。总体来说，汉语言文学专业课程体系的总体设计要以专业应用能力为纲、以专业应用能力为主线，进行学科专业知识模块及其具体课程的设计。

汉语言文学专业应用能力可以从专业基础能力和专业岗位能力两个方面来加以培育，并且这些应用能力要设置与其相对应的具体课程和实践环节。

## （三）创新改造以专业应用能力为核心的教学模式和方法

在汉语言文学专业教学应用性改造过程中，要紧紧围绕汉语言文学专业的专业基本能力、专业岗位能力培育方向进行改造，从教学内容、方法、手段、课程资源、课程评价等方面，探索学用结合的汉语言文学专业应用性教学模式和方法。

打造汉语言文学专业教学的精品课程，组建"中国现当代文学作品"课程组，创建以"应用性、地方性、开放性"为特色的汉语言文学专业教学内容体系，研读中国现当代经典名著，注重审美体验性阅读和理性分析，要培养学生的文本解读能力和审美鉴赏能力。课程组要全面推行"在学习中研究"，引入地方现当代著名作家作品教学资源，引领学生参与地方文化的研究，还要开展"在实践中应用"的教学，让学生参与到地方文化名人资源、地方文化旅游资源开发等文化产业项目之中，实现理论知识与现实实践应用相结合的教学。

另外，还要积极探索汉语言文学专业应用性教学的创新方法，要以学生为主体，探索互动讨论式、探究式、质疑式、合作式、情景式等不同的教学方法，实现师生共同参与和双向互动，以问题带动学生进行思考并获取知识，倡导运用现代信息化多媒体教学方法和手段，使单调的文学课程教学课堂变得鲜活生动，使学生在典型、丰富多样的感性材料中提升自己的人文素养。例如，在"中国现当代文学""贾平凹及商洛作家研究"的课程教学之中，可以采用多媒体信息化教学方法和手段，使课堂更为立体化、形象化和情感化，使学生积极体悟文学的魅力，增强学生的审美能力。同时，还要全面落实实践教学的创新方法，要根据汉语言文学专业教学单元的具体模块进行实践操作。例如，在"中国现当代文学"的教学之中，文学思潮篇单元要让学生进行课堂主题讨论，并在课后查找资料、撰写读书笔记，以掌握不同文学思潮、流派的文学观念和发展特点；中长篇小说单元可以让学生在"阅读、思考、讨论、总结"的过程中体会作家的语言特色、叙事风格和艺术特点，增强对作品的审美分析和问题解决能力；短篇小说单元可以让学生进行课前评述、精品赏析和小说改编等实践活动，了解现代短篇小说的主题风格及演变历程；现代诗歌单元可以引导学生练习写诗，以提升学生的想象能力和情感掌控能力；现代散文篇单元可以开展课堂赏析、写作练习、课外采风等实践活动，提升学生的审美感受；现代话剧篇单元则可以让学生自演、自导经典剧目的片段，把握话剧的艺术要素，领会话剧的语言、表演艺术、人物角色及情感表达等内容。

## （四）建构多样化专业实践平台，完善专业实训课程体系

汉语言文学专业教学的应用性改造要建构多样化的专业实践平台，搭设起汉语言文学专业知识和专业应用能力之间的桥梁，要面向专业岗位群建设开放性的实习实训平台，充分链接学院和党政企事业、新闻传媒、文化公司等单位，设置"基础教育论坛"和"院企合作论坛"等平台，聘请专业资深人士进入到院校之中，开展实训指导，以丰富学生的未来职业经验，提升学生的就业竞争力。

汉语言文学专业教学的应用性改造还要从建构和完善应用型汉语言文学专业实训课程为着眼点，实现第一课堂、第二课堂的有机融合。具体建构方式和内容主要包括以下方面的内容：

立足于专业核心能力，确保实训课程与行业需求相对接。汉语言文学专业实训课程要遵循强化专业核心能力和对接行业需求的原则，培养学生对汉语的理解能力和运用能力，提升汉语言文学专业学生听说读写的能力。开设相应的实训类课程并予以强化，如口才训练课程、写作训练课程、公关礼仪课程、活动策划课程、调查与分析课程、网页设计与制作课程等。

重构实训课程内容。要以汉语言文学专业教学的应用性改造为切入点，实现对实训课程内容的重构。具体来说：口才训练课程教学内容可以分解为"心理训练""朗诵训练""仪态训练"等内容，并将其重心放在实用训练项目，如"演讲口才训练""辩论口才训练""面试口才训练""谈判口才训练""社交口才训练"等，并要关注情境的实战训练。写作训练课程教学内容可以分解为"论文写作训练""公文写作训练""文学创作训练"等实

训项目。还可以将其细化为"文献综述写作训练""调查报告写作训练""报告文学写作训练"等,并遵循命题布置、当堂写作、写作点评、修改等步骤和流程进行实用性训练,增强学生的写作应用能力和水平。

改革专业教学评价体系,实现实训课程评价指标的多元化,以更好地增强实训效果。例如,调查与分析的活动策划实训课程就可以让学生以不同的调查任务为对象,设计调查问卷,并实施实地访谈、数据分析、调查报告撰写及上交等,教师可以根据学生提交的调查报告进行专业教学评价。学科竞赛和学生社团活动的实训课程可以让学生进行自主策划和实施,开展演讲比赛的选手选拔、"礼仪先生"的评选等活动,并与写作训练和公关礼仪课程相联结。教师则可以将学生提交的活动策划书作为专业实训教学评价的指标,对于表现优秀的作品则可以给予相关课程免考等奖励,以更好地激发学生参与实训课程的热情和兴趣,增强实训效果。

## (五)促进"双师型"师资建设和发展

在汉语言文学专业教学的应用性改造过程中,还要加强实训条件,提供必要的实训场地和设备,并加强"双师型"师资力量的建设。要使汉语言文学专业的教师深入到岗位实际中,利用实习和实践基地,体验秘书、记者、编辑等不同岗位的工作性质及特点,了解社会不同岗位的实际需求,以更好地增强汉语言文学专业教学的针对性和应用性。同时,还要引入资深的业内人士进入到校园之中,为教师和学生提供行业最新需求和规则,以丰富、生动的事例吸引学生,较好地提升汉语言文学专业教学的实训效果,增强专业教学的应用性。另外,还要注重对汉语言文学专业教师人才培养理念的更新,要使教师树立学科意识和职业意识并存的思想,充分发挥教师的个人优势和特长,开展学科学术职业岗位群的建设和发展,并到企事业单位、新闻媒体、广告公司进行挂职锻炼，成为具有综合素养的师资力量。

汉语言文学专业教学要实现自身的思维转换，要从学科和职业两个方面进行应用性教学，实现汉语言文学专业教学课程的重构和应用性改造，通过教学内容、教学方法的全面建构和优化，提升学生的汉语言文学专业教学实践应用能力。

# 第六节　传统文化在汉语言文学专业教学中的应用

我国相关高校的汉语言文学专业教学应面对当前国际社会的发展形势，承担起弘扬传统文化的时代重任，授课教师应充分利用传统文化的宝贵教学资源，向学生灌输"文化自信"的学习理念，把学习传统文化与讲授汉语言文学专业知识相结合，在提升学生传统文化修养的基础上，把学生培养为自觉发扬传统文化、振奋民族精神的行动者。

## 一、传统文化与汉语言文学专业的关系

### （一）提供了宝贵的教学资源

根据教学目标，我国汉语言文学专业就是要培养出"具备汉语言文学理论基础、有一定文学理论素养、具备对汉语言的运用能力、精通汉语言文学知识的高级应用型人才"。这种培养目标就注定了相关高校汉语言文学专业在加强汉语言专业知识讲授的基础上，还应拓宽知识讲授范围，在源头上提升在校学生的文学与文化素养。我国拥有五千年的悠久文明，传统文化为汉

语言文学专业提供了宝贵的教学资源，不论是各家的重要思想，还是经典的文学作品等，这些博大精深、源远流长的文化，都是汉语言文学专业的教学资源与素材，对提升在校学生的文学素养大有裨益。

### （二）可以培养传播中华文化的国际型人才

随着我国综合实力的不断提升，中国与世界各地的文化交流越来越频繁，全世界对精通中华传统文化的专业人才的需求数量持续增加。在这种环境下，我国相关高校汉语言文学专业可以加强传统文化的讲授力度，让在校学生接受传统文化的熏陶，从而培养传播中华文化的国际型人才。

## 二、传统文化在汉语言文学专业教学中的具体应用策略

### （一）精选出传统文化研究类的专业教材

高校教学工作的正常开展、教学效果的提升，离不开高质量的教材，教材是学习专业知识的基础。在我国高校汉语言文学专业的教学过程中，要想充分挖掘传统文化元素，让传统文化与专业知识教学实现有益结合，授课教师必须精选出传统文化研究类的专业教材。在传统文化研究领域中，一些学者推出了大量教材，授课教师必须注意甄别，精挑细选，挑选出质量最优、适合学生实际情况的教材。当前研究传统文化的优秀教材大体可以分为两种，一种是侧重于普及传统文化基础知识类的教材，结合中华文明的发展历程，根据历史分期或不同的发展周期对一些文化、艺术、建筑、民俗习俗等相关知识进行分析；另一种类型的教材更加注重对传统文化的研究与分析，教材内容稍显深奥，侧重对不同类型的传统文化知识进行深入分析。教师可

以根据学生的实际情况来选择教材，如果学生的传统文化根基比较薄弱，就可以选择第一类教材；反之，如果教师所教学生的基础普遍较好，就可以选用第二类教材。

## （二）充分利用信息化教学手段

在我国高校汉语言文学专业的教学过程中，授课教师要想把传统文化知识原汁原味地讲解出来，难度较大，这对授课教师的要求也很高。同时，学生对传统文化课程的期望也很高，希望听到知名学者对传统文化的讲解。因此，教师必须实施教学改革，积极采用信息化教学手段，充分利用网络资源来提升教学效果。信息技术的发展为信息化教学提供了便利，授课教师可以利用网络资源，给学生播放相关视频，让学生聆听知名学者的讲解；教师还可以充分利用慕课、翻转课堂等信息教学方式，让学生学习知名教授推出的微视频课程、专题讲座、公开课等，从而扩大学生的知识视野，加深学生对传统文化知识的认知与理解。

## （三）组织学生进行大量课外阅读

在汉语言文学教学中，受到文学典籍难度和课堂时间的限制，学生难以在课堂中充分领略传统文化的内涵与风采。因此，教师要组织学生开展课外阅读，并且提供给学生优秀的课外书籍，鼓励学生在课下自主阅读经典作品，感知传统文化的魅力，提升个人的文化修养和道德素养，明确自身的行为与思想准则，进而满足时代对人才的要求。

## （四）充分利用名胜古迹进行实践教学

名胜古迹具有较强的文化元素和历史含义，是集人文景观和自然景观为一体的历史建筑，是传统文化的建筑凝聚和历史缩影，具有教育价值和精神含义。因此，教师在开展教学中，要结合当地的教育资源，组织学生参观当地的名胜古迹，进而让学生亲身体会我国传统文化的价值与内涵，受到潜移默化的文化熏陶。

## （五）利用传统节日组织学习与讨论活动

中国传统节日，是中华民族悠久历史文化的重要组成部分，每一个传统节日都具有其特殊的情感寄托。因此，教师要注重利用传统节日组织教学与讨论活动，带领学生了解节日背后所蕴含的文化内涵，进而提升学生的文化自觉和民族认同感。

# 第五章　汉语言文学专业写作课程教学与学生写作能力培养

## 第一节　汉语言文学专业写作类课程教学改革

目前，写作类课程面临课时不足，课程缺乏系统性与持续性，内容重理论、轻实践等问题。为切实提高学生的写作能力，写作类课程可以从课程体系、课堂教学、实践平台等多个方面进行改革。

汉语言文学作为中国语言文学学科下的一个传统专业，开设历史久、覆盖范围广，在全国大部分综合院校均有开设。鉴于汉语言文学肩负着对本民族语言、文学进行研究和传承以使受教育者获得较好的语言文学修养、在实际工作中能更好地驾驭语言文字的责任，目前专业课程主要包括语言、文学、理论及写作四大板块的内容。随着社会对大学生要求的不断提高，越来越多的学校及专业面临着向专业实用化转型的压力，在这种大环境下，更侧重技能培养的写作类课程或许可以成为汉语言文学转型的一个突破口。

## 一、写作类课程改革是提升专业核心能力的必然要求

20世纪90年代，"核心能力"这一概念在企业管理领域首先提出。它指公司、企业、部门的主要能力，是单位主体在竞争中处于优势地位的强项，是其他对手很难达到或者无法具备的一种能力和优势。核心能力具有价值性、独特性、延展性、长期性的特点。将此概念应用于专业建设同样适用，指毕业生在未来工作中具有持续比较优势的独特能力，这也是一个专业能否立足和发展的基础。

根据汉语言文学专业行业需求调研结果显示，社会对汉语言文学毕业生最大的期待或要求是具备较强的语言文字运用能力。也可以说，语言文字运用能力即汉语言文学专业的核心能力。而此核心能力最终是要把学到的语言文学知识落实到运用上。就目前汉语言文学专业课程板块的设置来看，语言类的课程包括现代汉语、古代汉语、语言学概论等，教授语言的基本理论、基础知识。文学史类，包括中国古代文学、中国现当代文学、外国文学等，讲述文学史上的众多文学流派、现象和代表作家，作品。理论性较强的课程有文学概论、美学概论等，是将文学作为研究对象的具有总论性质的理论课程。相比之下，只有写作类的课程是侧重于培养学生的写作能力和写作技巧。因此，在突出专业核心能力的总体要求下，写作类课程成为汉语言文学这一传统专业改革的排头兵。

## 二、写作类课程现状

目前国内大多数院校汉语言文学专业均开设写作类课程，较为常见的有大学写作、应用写作、基础写作、创意写作等，各大院校根据自身情况自

主设置。虽然开设写作类课程十分必要已经成为一个共识，然而目前写作类课程的开设是否能取得理想的效果还值得进一步商榷。根据对汉语言文学专业毕业生的调查显示，与其他专业学生相比，汉语言文学专业学生写作能力并不明显突出。这一现象与目前的写作类课程现状有关，目前写作类课程现状阐述如下：

## （一）课时不足，课程缺乏系统性与持续性

目前绝大多数院校汉语言文学专业课程体系中，写作类课程处于十分尴尬的位置。特别是在汉语言文学专业不培养作家这一意识的影响下，汉语言文学专业对写作课的重视程度明显不够。以教师为例，一旦成为专职的写作课教师似乎就与专业研究"分道扬镳"，无论是课题申报还是职称评审似乎都不占优势。在这种认识下，写作课就成为语言、文学、理论课程之外的点缀。尽管各学校开设的写作课程名称不尽相同，内容也各有侧重，但课时总数却相差不大。多为一学期学完，每周 2 课时，也就是一次大课。在如此短的时间内，单是传授理论知识已是非常紧张，更别说要兼顾写作训练。

除此之外，写作类课程还缺乏系统性和持续性。一种知识的传授、一种能力的培养并非一门课程、一个学期就可以完成。以汉语言文学专业中古代文学知识的传授为例，一般由中国古代文学史、古代文学作品选、唐宋诗词选读、国学研究等一系列课程共同组成。而目前，大多数院校写作类课程只有一、两个学期的一两门课程。很显然，写作能力的培养是个长期的过程，需要全方位的规划、投入更多的时间。

## （二）内容上重理论

目前写作类课程在教学内容上基本是以讲授写作理论为主，其原因也是多方面的。首先就是长期以来对写作理论的研究要明显多于对写作实训

的研究，这样在课堂讲授的时候，对写作理论的介绍也就自然偏多。其次，受教师自身条件的限制。目前国内的写作课教师大多数并非职业作家，而是植根于大学校园中的学者，其精力更多的是投入到写作规律、写作学的相关研究中，而很少去进行除学术论文之外的文学训练。这样就造成教课过程中无法真正解决学生写作中遇到的实际问题，而只能进行一些理论指导。最后，还受一些观念上的影响。在不少人看来，作家是没有办法培养的，更多需要个人的天赋。因此，写作课也就没有办法像工匠学艺一样手把手传授。

## 三、写作类课程改革方向

正是由于目前汉语言文学专业写作类课程还存在各种问题，专业培养目标很难真正落实，对学生写作能力的培养尚不尽如人意。因此，要想有所突破，必须在一系列问题上进行调整。

### （一）课程设置体系化

要想真正把写作能力培养落到实处，首先要进行教学计划的重新调整，增加写作课比重。比重增加主要有两个方面，一方面是课时的增加，另一方面是课程种类的增加。课程设置应该更加系统、科学。比如，可以给大一的学生安排一些侧重写作基础知识和理论的课程，如基础写作等。教授学生一些基本的写作技巧和方法，像如何锤炼语言、如何提炼主题、如何谋篇布局等。可以给大二的学生开设一些侧重技能练习的课程，如应用写作、创意写作、文学写作等。应用写作侧重于应用文体的练习，使学生能够熟练进行行政公文、事务文书和专业文书的写作。创意写作侧重培养创意思维，对接文化创意产业，为其提供具有创造性的写作从业人员。而文学写作则主要教授一些文学性较强的文体，如小说、诗歌、散文的写作方法。根据学生今后的就业方向，可以给大三的学生开设一些如新闻采访与写作、影视批评与写作、广告文案写作、文学评论与写作、新媒体写作等课程，学生可以根据个人兴趣自由选择。由于大四的学生面临毕业的压力，所以应该给大四的学生开设专业论文写作课程，教授专业论文写作的方法、技巧，对专业知识与写作技能进行全方位的整合。

## （二）注重写作技能的传授

改变传统写作课重理论轻技能的现状。课堂上理论讲授时间应不超过二十分钟，从而将更多的时间留给学生进行写作训练。为了保障教学效果，有两个问题必须解决，一是要尽可能采用小班教学的形式，方便每一个学生都能与教师进行直接的交流；二是教师要掌控整个练习过程，将以前的结果教学法变为过程教学法。结果教学法指写作课教师布置写作任务，学生交上来完整的写作成品，教师点评。此方法的不利之处在于，学生学习了写作理论后，在转化理论的过程中没有办法直接得到教师的指导，对理论的消化有时是不成功的或者缺少具体可行的路径，结果只能依靠僵化的写作套路完成练习，效果自然不理想。而过程教学法则可以弥补上面的不足，将一个最终要完成的作品，按写作规律分解成若干个小的步骤，学生按提示来进行练习，最终自然而然完成整个作品。此做法既降低了作业的难度，又让学生掌握了切实可行的写作方法和技巧，同时课堂时间被有效利用，学生在每个时间段内都可以得到充分的锻炼。压缩课堂理论的讲授时间，以学生为主体进行更多的写作训练，看似教师退居次要位置，其实作用至关重要。教师要更加具有责任心，要对写作过程进行细致而合理的规划设计，要随时解决学生练习中出现的困难并加以引导，引导的方法要具体可行，便于操作。因此，这本身也对写作课教师提出了更高的要求。

### （三）与社会实践对接

写作课不能仅仅局限于课堂的练习，要走出校园，走向社会，直接与产业对接，把学生的学习、创作活动与社会实践紧密结合，最好能够根据客户的要求和产品、市场的需求进行写作。这既培养了学生敏锐捕捉社会前沿信息的能力，也可以更好地激发学生的创作热情，在实战中得到锻炼。对此，学院可以积极地与各对口实习基地建立联系，一方面邀请对口单位、企业走进校园、走入课堂，面对面与学生进行交流，必要时聘请文字工作人员来学校授课；另一方面也可以让学生走出去，用尽可能长的时间如寒暑假、周末、业余时间到实习单位跟班学习，参与企业的行政管理和文化宣传工作，了解实际工作中常用的文体等。

# 第二节　新媒体时代汉语言文学专业写作课程的教学

新媒体时代的到来对汉语言文学专业的写作课程提出了新的要求。在新媒体语境中剖析了汉语言文学专业写作课程教学的现状与问题，并结合应用型写作人才特点和当代社会的需求，以贺州学院文化与传媒学院的汉语言文学专业写作课程教学改革为例，进行了理论与实践探讨。主要包括：更新教学理念、重置教学目标、调整教学内容、多元教学评价、建立实训基地。通过调查得知，学生对教学改革的满意度和用人单位对学生写作表现的满意度较高，反映出教学改革已取得良好的效果。

随着传统就业思路的转变，本科院校汉语言文学专业毕业生就业口径逐渐开阔，面向社会的写作成为毕业生的新选择。与此同时，互联网等新媒介的发展促进了以网络文学为中心的新媒体写作的兴起。因此，在当前的写作教学中，教学内容的安排要增加数字化技术和网络技术的学习；在汉语言文学专业写作课程改革中，其教学组织形式要注重多维互动性，将汉语言文学专业写作课程的教学发展为适应当前社会发展的适时之举。

# 一、汉语言文学专业写作课程教学现状分析

传统汉语言文学专业的"写作课"，其目的并不在于培养面向社会的写作人才，而是为了满足中小学教育师资综合能力的要求，而对学生写作基本能力的训练。传统教学目的在当前新媒体时代需要注入新的内容。

新媒体时代，汉语言文学专业写作课程教学顺应了数字信息时代的发展潮流，在我国逐渐形成了"网络文学"与"网络与新媒体"两个专业体系的设置。2013 年开始招生的"网络与新媒体专业"是对 2011 年开始招生的"新媒体与信息网络专业"的进一步发展，2012 年教育部开始组织该专业申报工作，2013 年首次批复 28 所高校招生，2014 年批复 20 所高校招生，2015 年批复 29 所高校招生，2016 年批复 47 所高校招生，该专业文理兼收，毕业授予文学学士学位；2014 年，由盛大文学和上海视觉艺术学院联合成立的国内首个网络文学本科专业开始招生。这些专业招生规模的不断扩大，为整个行业做好了人才的储备，为文艺创作者提供了更多的发展方向。随着招生高校数量的增加，与其相并而行的是汉语言文学专业写作课程的改革。在这一过程中，中国人民大学出版社翻译出版了"创意写作"教材，上海大学文学院和其他地方本科院校形成了"创意写作"的教学研究团队。写作课作为汉语言文学专业的传统课程，也存在着一些现实问题，主要表现为以下

几个方面：

## （一）教学理念滞后

当前社会，科技革命发展迅猛，网络与新媒体技术日新月异，应用型本科院校亟须进行相应的变革，及时更新人才培养理念，以提高学生的专业素养和实践能力，彰显出特色、差异化办学理念。

## （二）教学目标偏离就业需求

各大高校的写作课培养目标设置基本是相互借鉴。近年来中小学师资紧缺现状有所缓解，但汉语言文学专业毕业生多方面的就业需求并未能在教学目标中得以彰显，未能紧密结合社会、科技发展的最新动态和企业的最新要求设置培养目标。

## （三）教学内容缺乏时代性

教学内容的更新速度比较慢，课程教学资源与案例匮乏、内容与形式单调。在当前的新媒体时代，传统写作课应该立足于网络及其他新媒体传播优势，以期突破传统的教学藩篱，建立开放的课程体系，以满足社会需求为最终目的。

## （四）教学实践薄弱

部分高校在教学中重视写作理论、轻视写作实践，结果造成了汉语言文学专业写作教学与行业需求有了一定的差距。虽然目前部分高校开始注重实践教学，如北京大学、复旦大学、上海大学等高校设立了创意写作专业，也带动了国内写作教学的活跃与发展。但从实际情况来说，多数高校缺乏相应的实践场地，专业教师不仅缺乏写作的实践经验，并且对当今日渐被民众所接受的新媒体写作了解不多。在课堂教学上，大多数教师仅着眼于对传统文本、经典文本的教学与摹写，而忽视对新媒体中写作现象的了解与把握，对新媒体语境中与网络民生息息相关的写作实践关注不多。因此，致使传统汉语言文学专业学生的写作能力逐渐远离民众与社会的需求。

当前，"网络文学"及"网络与新媒介"等新设专业对传统汉语言文学专业写作课程教学已形成了反超之势，汉语言文学专业毕业生难以融入需求与日俱增的网络写作及日常生活写作的就业市场。以上种种，显示了汉语言文学专业写作课教学中存在的诸多不足，这些现实问题已经严重影响到人才培养的质量，而教学改革研究与实践应用是解决这一问题的有效途径。

## 二、写作课程教学改革理论源头与基础

我国当前的高校写作教学，有三大体系，其一为传统的语文教学体系；其二为西方的创意写作体系；其三为新兴的写作创业体系。

20世纪80年代，我国写作课程已经建立起一套基于"三大文体"的写作知识体系。这套知识体系在当时"科学化、序列化、逻辑化"思路下不断完善，并结合标准化测试，使我国高校汉语言文学专业写作课程教学渐渐形成了具有"知识点、能力点、训练点"的严密体系。这一时期的写作课程与教学研究的主要特点有：第一，写作课程知识侧重主题、材料、结构等层面的静态知识介绍；第二，分解、重组写作课程内容试图体现某种逻辑序列；第三，很大程度上异化为应对学生职业生涯中的语文应试作文教学。

近年，随着网络文学的兴起，网络文学教学与研究显得尤为重要。21世纪的第一个十年，形成了以中南大学与北京大学为代表的网络文学研究中心；出现了以上海视觉艺术学院与三江学院为代表的网络文学本科教学高校；形成了以盛大文学为代表的网络文学产业；树立了以"社会培训，注重应用"的网络文学写作教学理念。

# 三、汉语言文学专业写作课程教学改革的实践应用

## （一）汉语言文学专业写作课程教学改革的理论分析

### 1．教学理念变革

在传播广泛化的社会语境下，重新思考和深入分析自身的专业定位。汉语言文学专业的写作课程教学应致力于培养新时代的"既懂传播，又懂写作"的复合创新型写作人才，重视创新思维能力的培养，将课程的理论性与实操性结合起来，精讲多练，重视写作实践。

### 2．教学目标重置

教学目标是写作课教学的灵魂所在，对后续阶段起着统领作用。根据新媒体时代的要求和汉语言文学专业写作课程的特点，应结合教学对象和教学内容，从知识、能力、情感态度等三方面对教学目标进行重新设置。

### 3．教学内容更新

把文学写作划分为非虚构文学写作和虚构文学写作，以非虚构文学写作为教学重点，将各地本土文化的写作实践与推广作为写作的实践训练，以适应当前社会对写作的需求。

### 4．教学组织形式多样

课堂中，主要采用模拟教学法、讨论教学法、案例教学法等；课堂外，教师应倡导学生自主进行在线学习与创作，开展校外实践教学。通过创建实习实训基地，鼓励学生到校外相关企事业单位及新媒体平台进行实习，熟悉多样化写作。

### 5．教学评价多元

对过程性评价与结果性评价两部分进行研究。过程性评价包括写作的

主动性、师生互动、写作成果量、实习表现等方面的评价，结果性评价包括期末成绩、作业完成度等方面的评价。

### （二）汉语言文学专业写作课程教学改革的实践应用

**1．课前准备**

根据教学理念和教学目标，正确选择教学内容和教学方法，根据学生的实际情况进行备课。

**2．课中教学**

让学生明确学习目标和任务；综合运用模拟教学、讨论教学和案例教学等方法，组织学生进行课堂写作的学习；教师引导学生学习传统经典文本的同时也关注新媒体写作，关注纯文学写作的同时也尝试进行以文学为基础的日常生活写作。

**3．课外网络学习与写作平台建设**

抓住文学与媒介的紧密联系，以网络文学为切入点，研究新媒介语境下文学的生存状态。通过对本地网络文学作家作品的研究，推动本地网络文学的发展。也可以对各地传统民俗文化进行网络文学改编，这样既为文学研究提供了素材，又传播了民族文化。

**4．校外实习实训基地建设**

积极联系大型企事业单位，商讨和落实校外传统及新媒体实习基地的建设；鼓励学生勤写多练，在网络文学及社交平台进行各类文体的写作，以便让学生能满足传统语文写作教学和社会职业化写作的要求，同时也能适应新媒体时代对写作人才的需求。

# 第三节 汉语言文学专业学生
# 写作能力的培养

当今社会对有突出专业能力的应用型人才的需求极其迫切。就汉语言文学专业的毕业生而言，写作能力是最能彰显本专业人才优势的素质之一，也是社会对汉语言文学专业人才的基本要求。从汉语言文学专业已有的毕业生就业情况看，主要从事语文教学、文化的普及和推广、新闻出版、文秘及行政管理等工作，这些工作都对写作能力有很高的要求。因此，应该让学生在大学期间打好扎实的语言文学基础，培养自身的文学气质、审美品位，提高语言文字表达能力，为日后踏上工作岗位做好充分准备。高校应对汉语言文学专业的课程体系、培养模式进行结构性调整和改造，从写作能力的培养入手，全面提升本专业人才适应经济社会发展的能力，从而形成自身鲜明的特色。

## 一、突破"一体两翼"模式，改革写作类课程教学

汉语言文学专业的写作类课程包括基础写作和应用文写作，写作类课程的内容结构通常是"一体两翼"，即以写作基础理论为"体"，以文学写作和实用写作为"两翼"。教学安排是：第一学期进行写作基础理论教学，通常是将写作过程分为感知、立意、构思、表达、修改等若干阶段，分别加以理论性的阐述，辅以各阶段的专项练习；第二学期进行文体写作教学，侧重于文学类、新闻类和评论类文体的理论知识和写作要领，辅以各类文体的习作；第三学期专门开设应用文写作课程，进行公务文书、事务文书、学术论文等应用文体的写作教学。

传统的写作基础理论是在对一般文章的写作过程研究总结的基础上提炼出来的，比较笼统。例如，基础理论中的"想象与联想"部分，与规范性很强的应用文写作并不合拍，但对创意性很强的广告文案写作就非常重要。又如，就构思而言，规范型写作与创意型写作的要求完全不同，前者必须循规蹈矩，依规定或惯例而为，不可标新立异；后者则恰恰相反，往往只有打破常规，突破窠臼，才能实现作品的价值。因此，写作基础理论这"一体"，无法同时使文体写作的"两翼"齐飞，必须改革写作基础理论的教学内容。

要想改革写作基础理论的教学内容，首先应该厘清各类文体写作的性质、特点和要求。前人对文体分类做过许多探索，划分的标准、角度和方法不同，分类也就各不相同。高校通用写作教材中最新的分类法是以内容和功能为标准，把广义的文章先分为文学作品和文章（狭义）两大部类，前者以审美为主要功能，后者以实用为主要功能，下面再做多层次的划分。其实，这种分类法并不完善，文学部类与非文学部类仍有交叉。随着时代的发展，社会的需要使各种新文体不断涌现，一些传统的文体在内容和功能方面也发生了变化。例如，在当今市场机制下能够不靠资助而存活的文学作品，不仅类型越来越多样，内容和功能也都悄然发生着变化，文学作品的写作方式和方法也都在随之变化。又如，广告文案一般被归属于实用文章，但广告文案的写作必须兼顾审美和实用两大功能。因此，我们认为，写作理论的建构应从写作本身出发，即以写作的运思方法和表达要求为标准，来划分写作的类型，按此标准，写作应可分为创意型写作和规范型写作。

所谓创意型写作，即追求新颖性和创造性的写作，要求感知角度独特、想象大胆新奇、立意出其不意、构思不拘一格。其写作的目标是让作品对受众有足够的吸引力，能够在市场竞争中生存，并产生一定的经济效益和社会效益。

在文化产业占国内生产总值比重越来越高的大趋势下，社会对创意型写作人才的需求将急剧上升。创意型写作与文学写作的重叠度很高，但其外延大于文学写作。创意型写作的教学不仅仅是培养文学创作者，更多的是着力于为整个文化产业发展，培养具有创造能力的从业人才，为图书出版业、影视产业、报刊业、新媒体业、广告业等所有文化产业提供具有原创力的文学创作者和创造性文案的撰写者。从我国当前汉语言文学专业建设和教学改革的角度看，创意型写作不仅能够提供学科和专业的可持续发展的原动力，而且能够为我国文化产业创意人才资源的开发提供后备力量。

创意型写作的理论，学界还鲜有涉及，远未形成体系，我们也只是在初步探索当中。在高校基础写作教材尚未革新的情况下，我们目前仍以传统的"阶段论"为基本框架，但要在各环节的教学中突出强调创意型写作新颖性和创造性的特点，如开放性、多角度的感知，别出心裁的想象和联想，新颖的立意和构思，陌生化的语言表达等，着重培养学生的创造性思维，为创意型写作能力的形成和提高打下基础。

至于规范型写作，即体式为法定（如公文、合同）或约定俗成（如事务文书）的、规范的文章的写作，绝大部分应用文写作皆归属此列。其理论相对比较简单，现有的写作基础理论和应用文写作理论完全可以指导规范型写作的教学。值得一提的是，规范型写作的教学重点，并不在于掌握各类规范性文体的体式，而在于逻辑思维能力的培养，因为任何规范体式的形成都源自日常生活和工作中严谨的逻辑思维。

为了区分创意型写作和规范型写作这两大类不同性质、特点和要求的写作类型，教师可对两大类写作的理论分别展开教学，学生可在均衡提高写作能力的同时，根据自身兴趣和特长，有选择地侧重某一方面能力的发展。

## 二、确立"大写作观"，开辟写作教学多样化的课堂

传统观念中的写作课只是汉语言文学专业的一门课程，限定在本门课程课堂教学的狭窄范畴中。"大写作观"认为，写作教学其实是对各种写作资源的整合过程，也是一个极具开放性的系统化工程，要把写作教学这个系统放在课堂、校园、社会这一大系统之中，拓展写作教学的广度和深度。在"大写作观"的视野下，其他课程也可以成为学生写作的园地，校园活动可为学生写作创造良机，而丰富多彩的社会生活则是学生写作的源泉和指向。

首先，汉语言文学专业各门课程都应该也可以和写作挂钩，有写作的要求和历练。一方面，要引导学生在各门课程的学习中提高写作意识，自觉地培养写作思维，训练文字表达能力；另一方面，也要求各门课程的教师把写作因素渗透到课堂教学和课后作业之中，从各个不同方面促进学生写作能力的提高。

其次，组织开展丰富多彩的校园文化活动和社会实践活动，激发学生的写作热情，为学生学习写作提供更多的机会。

## 三、构建网络实践平台，创新写作教学与训练

写作类课程是实践性极强的基础性课程，所以传统写作类课程的教学向来十分重视实践环节的设计与训练。但是，写作能力的提高，仅靠有限的课堂练习及课后作业很难达到理想目的。鉴于此，在写作类课程教学过程中积极引导学生创立网上培训基地和写作实践平台，极大地丰富了教学资源和教学手段，调动了学生的写作积极性，培养了颇具规模的写作梯队，形成

了对传统课堂教学的有益补充。

第一，网络传播具有传统媒体所不具有的独特优势，它的无边界、超媒体、跨时空、高速度、交互性、数字化的特点，为其成为写作实践活动的良好平台提供了得天独厚的条件。

一方面，网络传播可以跨越地域、边界的限制便捷地进行全球性的传播，这在很大程度上激发了学生的写作欲望，因为他们知道自己的文字真真切切地与其他人发生着关联，同样，自己也可以轻松地感受到精彩纷呈的"外面的世界"。同时，互联网以超媒体、超文本的方式组织各种信息，"白纸黑字"的线性文本结构在网络平台上完全可以变成网状的多媒体和超文本结构。这种"超文本结构"大大拓展了学生们的创作表现空间和个性表达空间，他们在网上平台所实现的自由与独创性都达到了前所未有的程度。此外，网络的实时传播、瞬时传播和及时传播的特点也是传统媒体望尘莫及的。而且网络平台实际上是一个自由而无限的虚拟空间，它在传递各种信息的时间上和容量上是可以不受限制的。这些特有的优势都使网上写作实践平台最大限度地吸引和汇聚了学生的写作资源，最大限度地释放了学生的写作能量，实现了对传统课堂教学的超越。

另一方面，网络传播的广泛性，给受众的地位和作用带来了根本性变化，这也改变了网上写作平台作者与读者的传统角色。在传统的大众传播过程中，受众总是被动地接受大众传媒传递的信息，不能同传媒主体进行平等的交流，更没有条件主动发表声音。而网络写作实践平台则从根本上改变了读者的这种被动地位和角色，使他们具有了前所未有的平等独立性和亲历参与性。这让学生们开始主动收集材料，精心地取舍、分析和加工，并开始认真看待自己的描述、解释和评论，而不再像过去那样只是为了应付作业而练笔写作。同时，网络实践平台对个性化的保护与对交互性的支持，使得每一个学生作者和读者都可以充分地表达自我，在较少受到外界因素干扰、保留完整内心的前提下力求凸显个性，并尽量做到有效地与他人进行交流。相比传统教学模式中练习只为交给老师评阅、作业只能由老师批改、学生自己则很少获得相互间的评判交流的状况，网络平台无疑也最大化地实现了教学相长的教育规律的科学要求。对于有着强烈个性化色彩和互动性要求的写作行为而言，这种平台就显得尤为可贵。

　　第二，写作教学要充分利用网络在线资源，强化读写互动关系。互联网是一个有着海量资源的巨大的信息数据库，有随时可以获得的优质信息，也有通过传统方式难以找到的信息。对于写作而言，互联网已成为一个不可替代的有效辅助工具，尤其是网络在线阅读，更是深化了阅读与写作的交互关系。阅读与写作原本就是传统语文学习的"一体两面"，二者相辅相成、不可割裂。进一步说，阅读是写作的准备和前提，不但可以从中提取成熟的写作技巧和优秀的文化精神，而且还可以把自己的写作感悟、写作范式重新投放到各种鲜活具体的写作流程中加以检测和比较。在互联网环境下，这种检测和比较行为就会更加便捷和直接。因此，这就要求我们更加充分地利用网络在线资源，把"阅读论"与"写作论"作为一个有机整体融通起来，正确把握理论、阅读与写作三者的互动关系，使学生认识并努力将写作与科学的思维方式、生活的哲学感悟、深厚的文化涵养、非智力情感因素、敏感的语体把握、自觉的文体意识、艺术的审美趣味、电脑的知识技能结合起来。在此基础上，启发学生灵活地在阅读活动和写作小组的交流活动中学习别人的写作经验。

## 四、确保"四年一贯制",坚持写作教学与训练的长效机制

鉴于写作类课程的基础性地位,并考虑到网络传播的特性和互联网环境下成长起来的新一代学生的特点,我们认为有必要对传统大学写作教学进行改革。要使写作教学取得切实提高学生写作水平的效果,光靠大学中第一学年的基础写作课程是不够的,为此,我们设想在汉语言文学专业的课程体系、培养模式的结构性调整和改造中,通过强化写作类课程建设,倡导课内写作教学训练和课外写作实践的有机结合,实施"四年一贯制"写作教学与训练。第一学年为奠定基础阶段。主要是培养学生的阅读兴趣和文字基本功,使学生掌握基本的阅读方法和写作理论,拥有开阔的阅读视野、科学高效的阅读实践和语言表达的文通字顺。要求学生完成 30 篇习作,文体可不限,但最好结合阅读及理论学习。同时,在文学社的基础上成立写作兴趣小组,开展经常性的写作交流活动。第二学年为技能练习阶段。主要是培养学生的写作技能,通过专项训练使学生熟练掌握写作各环节的具体要求,并掌握不同文体的特征、风格与写作要求。要求学生进行写作环节专项训练,包括观察与采访、感受与审美、分析与综合、想象与联想、立意与选材、思路与谋篇、表达方式的运用、语言的积累与锤炼、起草与修改等;在此基础上进一步进行文体学习与写作训练,包括文学文体、新闻文体、评论文体与应用文体。第三学年为专业提高阶段。主要是使学生能够在较高层次上对专业知识与写作技能加以整合,培养专业的审美体验能力、综合分析能力和创新表达能力。如进行文学专业性写作实践,包括诗歌、小说、散文、戏剧等文学体裁的写作。同时,在大学前两学年理论知识储备的基础上进行专业性评

论写作实践，包括文艺评论和思想评论。此外，要完成 20 篇应用文写作，旨在培养学生常用应用文的写作能力。第四学年为应用验收阶段。主要是使学生具备较高的应用能力和一定水平的研究能力，通过应用文体与毕业论文的写作对学生写作能力进行检测。例如，通过实习平台加强应用文写作能力，通过毕业论文的写作对研究能力进行综合检测，引导学生在相关刊物及出版机构发表、出版（或结集出版）相对成熟的作品。

从社会对汉语言文学专业人才写作能力的需求出发，加强中国文化概论、中国古代文学、中国现当代文学、文学概论等汉语言文学专业核心课程的建设，使其在人文素质教育中起主导作用。在此基础上，进一步加强对写作类课程的改革，并通过组织丰富多彩的课外写作实践活动，使学生的个性和兴趣在写作能力的培养中得到充分的重视和发挥，学生自主参与的积极性得到充分的引导和调动，从而形成融课内与课外、专业教学与个性发展为一体的写作能力培养模式，最终达到强化学生写作能力的目的。

# 第四节　高职汉语言文学专业学生写作能力的培养

在高职院校的教学体系中，汉语言文学占有重要的地位。而对于汉语言文学专业的学生来说，具有扎实的写作能力是毕业后尽快融入工作岗位的前提条件。因此，培养学生的写作能力有利于学生未来的发展。本节结合高职院校汉语言文学实际教学当中存在的一些问题进行研究，探讨解决方案。

# 一、高职汉语言文学专业的写作现状

## （一）学生的写作基础薄弱

我国高职院校的学生来源大多是中专、职高的毕业生，这些学生的写作基础相对较弱，文学功底也不够，再加上得不到充分的锻炼，写作水平自然就提不上去。除此之外，因为生源比较复杂，学生写作水平差异性很大，这就导致教师也无法制订出合适的写作训练计划，这也是高职学生写作能力薄弱的重要原因之一。

## （二）教师的教学方式单一

教学过程中，教师还是以传统教学的方式对课本上的知识进行讲解，传统方式教学常常会忽略学生间的互动与交流，实践训练安排较少，约束了学生的创造力，还有可能造成学生只是为了完成任务机械写作，这种单一、枯燥的教学方式不利于学生写作能力的提高，在很大程度上阻碍了高职汉语言文学的发展。同时，这种方式会使学生觉得枯燥乏味，从而出现厌倦心理，产生抵抗情绪。因此，教师应该充分发挥学生的自主性。

## （三）写作训练缺乏连续性

学习任何知识，都需要不断积累与训练，汉语言文学专业也是如此。因此，若想真正提升写作水平，就要坚持不懈的进行练习，通过长时间的积累与训练，才能一步一步提高写作能力。但是，在很多高职院校中，学生只有在教师的要求下才会认真对待写作，很少有学生会自发地进行写作，学生普遍缺乏写作训练的意识，十分不利于学生写作能力的提高。

## （四）课程时间和内容设置不合理

高职院校中，写作课时一般都比较少，而且写作内容的设置也不合理，教师一般都是按照大纲教学的方式引导学生进行写作，这就很容易让学生形成固定的思维与模式。学生经常按照套路进行写作，缺乏创新思路，写作的内容也毫无新意，与实际生活脱离太多，没有实用性。学生对写作没有兴趣，写作水平自然无法提高。

## 二、高职汉语言文学专业学生写作能力培养策略

### （一）加大基础写作能力的培养

高职汉语言文学专业学生写作能力普遍低下，加大基础写作的培养，才有可能把学生的写作水平提高一个层次。对于在那些写作中容易出现错别字、病句、条理不清等基础性错误的学生，应加强训练汉语言文学基础知识；对于不了解文体格式的学生，应加大范文的阅读量，发挥主观能动性去收集各种文体写作教程。教师在培养学生基础写作能力方面会发挥很大的作用，因此，教师应该坚持以下几点：

（1）安排合理的写作训练及制订考核制度。连续的写作训练有利于写作水平的提高，而考核制度的实行将很大程度上提高学生的积极性。

（2）创新教学观念，发挥学生的主动性。传统教学中，学生主体性难以发挥，学习只能是被动接受，不利于学生写作能力的提高。因此，发挥学生自身主动性对写作技能的提高有很大帮助。

（3）引导学生阅读，为学生推荐优秀的阅读教材，鼓励他们通过阅读提升写作水平。

### （二）创新写作教学方法

传统的教学方式适应不了素质教育的要求，要想有效提升汉语言专业学生的写作水平，创新教师的教学方式十分必要。教学方法应该以生动形象

和贴合实际生活为主，教师在教学中应掌握好主导的力度，让学生参与其中进行讨论，从而使他们能够全身心地投入写作教学中。教师可以采用案例分析法，把学生分成学习小组，让学生针对问题进行讨论，进而表达出每个人对文章的观点；教师还可以对经典文学作品进行导读，可以利用多媒体进行展示，使学生产生浓厚的兴趣。以学生的兴趣为中心，结合具体的教学内容，建立起学生的学习目标，长时间的坚持，学生会得到一定的进步，进而提高自信心，更加积极地面对以后的学习任务。这种教学方式往往能把学生的积极性带动起来，使其在实践中不断总结经验，提升写作水平。

### （三）提倡写作个性化

当学生的基础写作能力提升后，就可以根据自身情况进行个性化的创作，在传统的写作教学中，一般由教师命题，规定文体和字数，这在一定程度上限制了学生的思维。写作个性化首先是思维的个性化，这样才能使文章思想独到，新颖且深刻。生活是写作的源泉，学生作文中的思想、观点等都来自生活，用心去体验、去认识身边的人和事，有利于培养学生的思维。在日常教学中，教师通过调查问卷，访谈等方式掌握学生的个性化写作需求，促进学生个性化发展，更有利于提高学生的创新能力。为此，学校可以开展专业课程，类似于选修课，但又不同于选修课，最后的考核方式要比选修课更加严格。成绩并不是评判学习的唯一标准，学校要降低其在总成绩中的比例，加入平时成绩、课堂表现、写作技巧等的比例。除此之外，学校应成立关于写作的社团等，举办多种形式的活动有利于学生个性化的发展。

### （四）加强职业语言能力训练

作为汉语言文学专业的学生，不仅书面写作能力要好，表达能力也要好。因为汉语言文学专业的学生未来的就业方向很广，无论是哪种职业，都需要很好的口才。在人们的日常交流中，具有口才天赋的人能把平淡的话题讲得非常吸引人，而嘴拙的人所讲的话题内容再好，也会让人们听起来感到十分乏味，这就说明了语言的重要性。不管哪一种职业，都有职业语言。学生应该多关注这些职业语言，教师也应该加强职业语言的训练，例如在课堂上可以进行关于某些课题的辩论，还可以模拟工作场景，使学生可以从中得到很好的锻炼。语言能力与写作能力也是紧密相连，如果学生的语言能力很强的话，也能体现在写作当中。

写作教学是汉语言文学专业教学的重要组成部分，教师应该结合学生的就业意愿，制订出符合学生需要的学习策略，这不仅可以使学生的写作能力得到提升，而且还能满足学生的个性化写作。在日常教学活动中，构建新的教学模式，寻找有利于写作能力提高的途径是时代发展的必然，也是人才发展战略的需要。教师在教学时如果能够激发学生的学习积极性，就可以让学生更加主动地接受知识，并让学生循序渐进地增强自己的写作能力。

# 第五节　中职汉语言文学专业学生
# 写作能力的培养

语言是现代社会的传播媒介，而汉字则是向人们传播信息的载体。基于此，在我国中职院校教学体系中，汉语言写作占有非常重要的位置。目前我国许多院校强调了汉语言专业学生的写作能力培养。本节基于以上情况针对中职院校的汉语言文学专业提出了一些教学研究，希望可以为汉语言文学写作提供有价值的参考意义。

根据我国目前就业情况来说，许多工作的基本要求，就是要有一定的写作能力。例如，秘书、传媒、教师等一些工作，都有一个共同的特点，就是需要就业者具备良好的写作能力。而对于许多语言文学类的学生，具有优秀的写作能力不仅是个人能力的彰显，也是学生毕业后就业的基础。由此可见，具有优秀的写作能力是汉语言专业学生非常重要的一项技能。并且，促进汉语言专业学生写作能力的培养，不仅可以提升学生的文学功底，还可以提升汉语言专业学生的文学气质和品位。鉴于以上情况，强化汉语言文学学生的写作能力是大势所趋。

## 一、中职汉语言文学专业学生写作的现状

汉语言文学历史悠久，其在历史文化长河中占有非常重要的位置。随着社会的不断发展，对于汉语言文学学生和人才的培养也需要不断的改进，在对于以语言类为主的中职院校中，汉语言文化不仅是学院的特色，也是学院授课的重点，更是民族文化的继承和发扬。写作是汉语言文学的基础，因此具有良好的写作能力和扎实的语言功底对于文学类学生来说是必不可缺的技能，也是为日后步入社会工作打下良好基础的重要前提。语言类学生毕业后不仅仅只是在汉语行业就业，其就业范围是非常广泛的，如教师、文案、艺术等各个行业，都需要就业者的写作能力。但是现阶段在我国大多数院校中，对于汉语言专业学生的培养和教育还存在着诸多问题。例如，学生的素质良莠不齐，写作能力一般；受传统教育影响，课堂主要以授课教师为主，学生被动接受；授课教师多以基础教学为主，授课内容抽象且难以理解；培训授课内容单一机械，难以提高学生对写作的兴趣。这些问题严重影响了学生写作能力的提升。

## 二、中职汉语言文学专业学生写作能力存在的问题

### （一）教学方式陈旧

首先，受传统教育影响，目前许多院校的授课内容多以教师为主导，学生多为被动接受。此类情况使得学生的主体性难以表现，且打消了学生自主学习的积极性。其次，授课教师在教学的过程中注重理论知识教学，反而忽略了学生们的实践需求，使得学生自主写作的机会较少，创造性写作的能力受限。最后，多数院校以写作考试模式来对学生进行主要学习成果验证，但是，就现阶段我国教育发展而言，此种方式并不是唯一的验证标准，也不是主要测评学生能力的方法，反而不利于学生综合素质的提升。传统的教学方法不利于学生们养成良好的写作习惯，限制了学生们的逻辑思维，学生们只是机械性地完成教师布置的任务，不能更好地发挥自身的逻辑性去思考和研究，也就不能很好地提升学生们的综合写作能力。

### （二）学生缺乏自主学习的兴趣和专项训练

首先，由于中职院校学生基础良莠不齐，知识积累程度不足，加之目前教师与学生都追求单一的考试成绩，而导致学生们对语言写作的认知度不够，缺乏自主的学习兴趣，对于教师授课内容知识，只是机械地死记硬背，忽略了其写作练习的意义。其次，目前的中职院校缺少专项训练，专项训练可以快速地提高写作的能力，针对不同的文章都会有不同的写作方法和风格，每个写作的风格也会有不同的陈述技巧和语言表达方式。因此专项训练可以通过不同的方式，训练学生们的写作水平和写作情感。最后，授课教师应该灵活调整教学方案，在传统的教学基础上开展一些课堂活动，或者组织学生对文学作品进行自主讨论，增加课堂的趣味性，以此来提升学生们对于

汉语言文学的学习兴趣。

### （三）授课时间内容安排不合理

由于我国汉语言文学专业并不是主要的热门专业课程，因此导致了许多院校对于汉语言文学专业课程安排设置不合理，授课教师对于写作授课设置的较少，一般是课后自主练习较多，因此使得学生不能通过良好的训练达到提升写作的能力。并且大多数教师主要以教学大纲来对学生进行授课，此种模式使得学生思维固化、缺失逻辑性，不能达到激发学生创新思维的目的，此种情况使得学生对于语言文学的写作热情大减。随着社会的快速发展，多数授课教师只是根据教材的内容来授课，不能结合社会发展元素来提升授课的内容与质量，此种情况不利于学生提升学习兴趣和积累素材。

## 三、中职院校汉语言文学专业学生写作能力培养措施

### （一）创新教学模式及改变固化思维

首先，语言文学的写作方法五花八门，不同的学院教学方式也不一样，但是关于语言文学写作的授课概念有一个共同之处，便是授课内容抽象，教学课程枯燥，且难以理解。因此增加课堂教学模式的趣味性是必然的发展方向，授课教师可以引进技术，结合时事信息来进行授课，该方法可以避免传统课堂上的枯燥和机械性。其次，清晰地了解学生所需要的内容，提升教师自身的素材积累，充实教学的内容。运用电子信息、实践教育等方法来激发学生的兴趣和思维，可以有效地提升学生们的自主写作能力，提高学生们的逻辑思维。最后，创新教育是迫切的，也是必然发展的趋势。

### （二）优化充实授课内容，建立完善的测评体系

首先，在我国中职院校中，语言文学写作课程要优化授课内容，整合教

育体系，从基础到规范，从零散到整合。其次，在实践课程上学生应做到独立思考、独立创新的写作，也可以开设专项的基础训练，通过该种模式来加强学生对文学写作认识和技巧的掌握。最后，在中职院校教育体系中，授课教师不仅要充实授课内容，还要建立完善的写作测评体系，测评不仅是对学生们语言文学写作成果的检测，还是检查自身能力不足的渠道。建立有效、客观的测评体系是可以提高学生们写作能力的一种措施。所以在测评体系中，应有对学生个体的评价，还要有学生们之间互相的评价以及教师与学生之间的互相评价几个部分。公开透明的点评可以促进学生们的思想交流，以此种方式可以更好地强化学生们的写作能力。

### （三）建立多元化实践写作并合理安排课时

我国传统的语言文学写作教育一般仅限于课堂模式，实践写作课程较少，而想要提高学生们的写作能力，就要为学生们提供更好更广泛的平台。实践出真知，学生们只有多实践、多创新，才能更好地提升自身能力。因此，学生们的写作平台可以广泛拓展，如拓展到社会、时政方面等，而此类拓展可以让学生们写作的文章有内容、有深度，更加贴合社会生活。

授课教师要科学有效地安排授课内容和时间，并且在全学段开展语言文学写作教育，不应该只是针对某一个年级的学生来进行重点授课。同时，授课教师要依据授课内容来合理安排理论课程和实践课程，控制教学进度，提高学生随时写作的自主意识，培养学生的写作能力及综合素质。

随着时代的不断发展，人们对汉语言文学专业人才的写作能力的要求也在不断提高。因此，我国中职院校应该加强对汉语言文学专业学生的培养，更应该建立有效的教学模式来提升学生的兴趣，改变目前固有的教学模式，提升该专业学生的写作水平，激发学生的潜能，培养学生的创新思维，提高学生的逻辑能力，更好地促进学生的全面发展，提高其个人能力，使该专业学生在毕业后可以更好地与社会对接，同时也为社会提供更加优秀的人才。

# 第六节 综合性大学汉语言文学专业创新人才的培养

培养具有创新意识和创新能力的新型人才，是汉语言文学专业人才培养的重要目标。就创新人才培养现状而言，专业分流已成共识，学生个性化需求得到充分重视。但课程传授模式单一，写作能力培养不够，忽视了对文学经典的品读，人才培养质量有待提高。为进一步解决以上问题，可从改变教学理念，更新教学内容，建立导师制和"导生制"，丰富第二课堂，完善评价激励机制，加大教育扶持力度等方面加以改进。研究综合性大学汉语言文学专业创新人才培养现状及对策具有很强的理论价值与现实意义。

## 一、汉语言文学专业创新人才培养现状

### （一）专业分流成为共识

学生入学后多以学习公共课、专业基础课为主，一两年后再进行专业分流。如分为实践型和理论型两种，前者多瞄准未来工作方向，划为文秘、师范等方向；后者以培养鉴赏性或者理论性人才为出发点，注重学生学术能力的提高。这种分流制度充分考虑了学生的个性化需求，有利于调动学生学习的积极性，提高汉语言文学专业人才的培养质量。

## （二）学生个性长足发展

创新人才应具备创新意识、创新思维、创新能力、创新情感和创新人格。现代学分制、选课制等普遍建立，有的大学还建立了双学位制、主辅修制、"本硕连读"制等，都为学生实现个性化发展提供了重要保障。教学设备的更新、现代科技的发展以及网上图书馆和图书馆检索系统的存在，为学生搜集和整理已有研究成果提供了诸多便利，也让学生准确、迅速地获取资料成为可能。

## （三）课程传授模式单一

学校大多沿用"大班教学"模式，推行的是"大水漫灌"式教育，以"老师讲授学生听"为主，对创新能力培养的关注度不够。学生处于"填鸭式"被动学习之中，仅对知识进行死记硬背，严重妨碍大学生创新意识和创新能力的培养。

## （四）写作能力培养不够

写作是汉语言文学专业学生进行创新性表达的重要方式，但很多学生在中学阶段缺乏系统的写作训练，在遣词造句、表情达意上存在一定的困难。大学阶段基本都会开设写作课程，但多是理论性较强，实际操作不够。而关于学术论文的规范和写作，有些大学甚至没有开设相应课程，学生对学术论文写作的了解只能借助于其他渠道。课程论文、学年论文和毕业论文作为学生学业水平评价的重要一环，学生往往知之甚少。课程论文多在期末布置，且课程结业相对集中，面对巨大的学业压力，学生常是复制粘贴他人已有的成果敷衍了事，教师对学生论文也未能提供有针对性的反馈意见或指导。

## （五）忽视文学原典阅读

温儒敏曾说："现在人都比较实际，也比较浮躁，难得静下心来认真读一点书。中文系毕业了还没有完整读过《论语》《孟子》《红楼梦》和《呐喊》等经典的，大有人在，读的都是些文摘、选本，或者以看电视代替读作品，可是胆子很大，开口就可以大谈什么'中西文化'，其实不着边际。"汉语言文学专业系统性知识来源于对文学作品原著的阅读。很多学生虽然背了一大堆描绘作家艺术特色的术语，对作品具体的内容却知之甚少；不少学生过分依赖网络作为获取知识的渠道，导致获取的信息不全甚至错误，从而导致知识的碎片化。而大学生创新能力主要来源于自身知识结构和社会体验的差异，如果只是不断重复他人的观点，缺乏个人的体悟和思考，创新就会成为无源之水、无本之木。

### （六）人才培养质量有待提高

自"科教兴国"战略提出后，大学招生的规模进一步扩大，一大批专科学校升至本科，二本院校升为一本院校，为更多人提供了接受高等教育的机会。但由于新建院校起步较晚、底蕴不足，基础设施建设与教师队伍配备严重滞后，缺乏一批高质量的创新型教育工作者，教师普遍缺乏国际视野与创新能力。

## 二、汉语言文学专业创新型人才培养的制约因素

### （一）教育理念滞后

高校教育依然受"三个中心"的理论支配，即以课堂为中心、以教师为中心、以教材为中心，阻碍了创新人才的培养。课堂是传道、授业、解惑的重要场所，创新能力的培养离不开学生对知识的内化和吸收，离不开对他人结论的批判性接受，离不开对问题的自主学习和探究。普林斯顿大学卡茨教授坦言："我不认为我能提供一切答案，我的功能是使学生能意识到问题的

存在，对学生们的答案提出质询，帮助他们发现现有理论的不足之处。我最大的希望是我的学生带着满脑子的疑问离开课堂。"与这种启发式教育不同，中国的师生关系是教育者与被教育者，教学活动是单向的传授与接收。往往重知识积累，轻推理分析；强调对已有结论的接受传承，缺乏批判精神；多使用求同思维，忽视求异思维。"以教师为中心，以及由笔试所强化的标准答案意识等，都是强化收敛思维而抑制发散思维的。多向思维、逆向思维等构建创新能力的基本思维方式难以充分发展。"此外，没有发挥好教材的引导作用，学生创新的种子往往因不符合标准答案而被扼杀在摇篮之中。学业成绩是大学生评定奖学金、推优入党、各类荣誉证书的重要依据，请教师划重点、进行考前突击是高校教育的普遍现状。大多数高校把教师工资与职称评定与科研挂钩，教师更愿意多花时间和精力进行科研，教学往往被视为副业。尽管学校建立了教学评价机制，由于学生往往不敢表达真实的诉求，对教师的督促也就无从谈起。

### （二）学生参与不够

一方面，学生创新的积极性不高。有的学生学习习惯和学习方式还停留在高中阶段，偏重于对学科基础知识死记硬背，缺乏问题意识和探索精神；有的学生由于接受单一的评价方式、陈旧的教学内容，主观能动性受到很大压抑，缺乏自主思考和发现问题的能力；有的学生缺乏自信，认为自己的能力和水平还达不到创新的层次，扼杀了创新的动能。另一方面，尽管有部分学生有强烈的创新意愿，但缺少有效指导；或找不到研究方向，对于海量信息倍感茫然；或有自己的想法，缺乏表达和展示的途径；或面对问题时得不到教师的及时指导，难以找到研究的突破口。

## （三）课程设置欠科学

创新的发生，离不开开阔的学术视野和丰富的知识积淀，缺乏系统性的课程设置，束缚了对汉语言文学专业学生创新能力的培养。汉语言文学专业往往注重文史知识的学习，对相关学科的关注不够；重理论轻实践，教学实践常常安排于考研复习冲刺阶段，学生多选择分散实习，用实习证明敷衍了事；概论性课程较多，应用性、操作性课程较少，即使开设了基础写作之类的课程，但由于实际性不强，往往流于形式，学生写作能力得不到有效提高；重必修、轻选修，教学内容缺乏时代性、创新性，知识更新速度较慢。此外，课程设置过于专业化，专业课程多，综合课程少，如与汉语言文学专业学生素养密切相关的美学、哲学、历史学相关学科联系不够。

## （四）传统文化制约

传统文化讲究中庸，即"不偏不倚"。但创新的观点常常是尖锐的，甚至是犀利的，有时会与传统精神相悖。在学术研究传统上，多讲究对师道的传承而不是批判性发扬，以至于创新之路越走越窄，直至销声匿迹。一系列古训如"枪打出头鸟""木秀于林，风必摧之""人怕出名猪怕壮"等，严重阻碍了大学生创新能力的培养，他们甘于做平庸者，也不愿做创新的"叛逆者"。此外，家庭教育和学校教育往往教导他们要做"乖孩子"，而创新讲求的恰恰是一种求异思维。

# 三、汉语言文学专业创新人才培养对策

创新人才培养，要紧紧抓住两个主体和三个环节，充分调动教师和学生的创新积极性，实现"教—学—评"三位一体，有的放矢，既给学生提供有效的指导，又让他们有更多自由表达个性的空间。

## （一）改变教学理念

第一，教学理念上鼓励创新思维，教师不应扼杀学生有悖于常理的"叛逆性"思维，而应引导学生积极探索和解决疑问。创新意识的培养离不开对已有结论的质疑和批判，教师要鼓励学生敢于表达与教材、与自己不同甚至相反的观点，建立平等、自由、双向互动的课堂氛围。第二，引入小班教学模式。小班教学能建立更为融洽和谐的师生关系，促进因材施教，方便教师为学生的个性发展提供指导。第三，教师要改变"满堂灌"和"填鸭式"的传统教学方法，提倡参与式、启发式、讨论式和研究式的教学，使学生成为学习的主体，教师成为学生探寻问题答案的伙伴，而非知识的直接灌输者。要培养学生独立提出问题、分析问题和解决问题的能力，使学生由被动学习向自主学习、终身学习转变。甚至可以尝试将讲台交给学生，让学生自己搜集教学内容，设计教学过程。

## （二）更新教学内容

创新型人才既要有广博的知识储备，又要有较深的专业素养和技能。博大而精深的知识结构，是形成发散和聚合思维的前提和基础。课程是为培养目标服务的，它是培养目标的具体体现。课程体系决定着培养人才的知识结构和能力结构，构建科学的课程体系是高校实现培养目标、培养合格人才的重要保证。为了实现培养目标，培养创新人才，应根据创新型人才培养方案，构建新的模块化课程体系。教学内容既要有文学史、文学理论和文学批评的专业课程，又要有历史、哲学、美学甚至地理等交叉学科课程，更要设置文学鉴赏技巧、材料收集整理以及资料分析方法、论文写作技巧、教师基本技能等实践性较强的课程。要以课程论文、学年论文和毕业论文为抓手，以文学作品创作和鉴赏批评为试金石，促进学生创新能力的提高。在尊重学生学习兴趣和个性化需求基础上，建立主辅修制度、跨院系跨专业选修制度，甚至使相近地域（如大学城）课程联动起来，本科课程、硕士生课程相互贯通，专业必修与选修互相结合。同时，鼓励学生根据自己的学习兴趣，利用其他平台自主学习，如参加慕课等线上课程，将线上视频学习与线下面对面指导相结合，给学生个性发展留足空间。

## （三）建立导师制和"导生制"

导师制广泛存在于研究生教育阶段，在本科教育阶段也应逐渐普及。导师不仅能为学生提供有效的学术指导，更对学生思想品质和管理教育有着潜移默化的影响。科学研究强调原创性，以导师为纽带所建立的学术团队，对学生创新能力的培养具有重要意义。"导生制"很好地弥补了导师数量与精力有限的不足，借助优秀学长学姐的帮带，发挥朋辈指引的作用，有利于营造学校良好科研创新氛围。

## （四）丰富第二课堂

第二课堂是培养创新人才各种能力素质的重要载体，是在校大学生将理论知识运用于社会实践，提高动手操作能力、创新思维能力、知识运用能力和解决实际问题能力的重要平台。首先，学校要建立创新创业孵化基地，鼓励学生进行项目申报，为他们提供平台及项目帮扶；鼓励学生参与校级、省市级各类学科竞赛，在参与科研活动的过程中提高创新能力，如大学生挑战杯、湖南省大学生研究性学习和创新性实验计划等。其次，写作能力是汉语言文学专业的核心素养，从选材立意、谋篇布局，再到语言运用，每个环节都离不开个人的创造，注重写作无疑对创新意识和创新能力的培养大有裨益。开设论文写作课程，如课程论文、学年论文等，按照毕业论文的要求指导学生论文写作。同时，关注学生文学创作能力、新闻写作能力和公文写作能力的培养，鼓励学生个性化写作。以学院学生会和社团为依托，定期邀请知名作家、新闻记者来校开展讲座，多组织原创性活动，如写作大赛、读书会等。鼓励学生积极参加各类省市级、校级写作竞赛，支持学生自己创办报纸、杂志，并向报刊推荐学生作品。

### （五）完善评价激励机制

首先，完善教学评价机制。学生评教是反映学生诉求的窗口，是学校了解教学质量的晴雨表，更是促进教师改进教学方式方法的动力。但评教前学生被要求输入自己的身份证或是学号，以让学生为自己评价的公正性负责，却在一定程度上限制了学生表达的自由，让评教活动成为一种摆设。保护学生隐私，让他们公平、公正地评价，才能得到更为真实的反馈结果，推动教师真正关注教学，改进教学方式，从而提高育人质量。其次，完善课程评价体系。评价方式多采用结业考试、课程论文等方式，应该在结业考试的内容和题型设计上加强创新性，以学生思考的深度和广度为考察重点，而不是对书本知识的简单背诵，评定考试成绩时应对有独立思考的学生给予肯定。同时，学生学业成绩的评定不应该仅仅关注一场考试的结果，还应对其学习过程中的表现加以评价，将读书笔记、课堂讨论结合起来进行考查，也可采用成果展示，如欧美戏剧课程以表演、朗诵形式进行考核，现代教育技术课程以学生自己感兴趣的主题展示课程所学的技术手段；基础写作、散文写作、公文写作等实践性较强的课程，师生可以共同讨论、修改，最后将成果刊印成册。此外，可以适量增加开卷考试的科目门数，那些在相关课程上取得相应成果的同学，还可以申请课程免修。第三，发挥创新学分引领作用。学生通过参与学科竞赛、学术科研活动并取得一定成果皆可申请创新学分。使创新成果成为综合测评的重要组成部分，并作为学生评奖评优、研究生入学的重要依据。教师对于学生创新成果的指导，也应纳入绩效考核与职称评定。

## （六）加大教育扶持力度

国家、各省区直辖市设立专项教育扶持资金，对除重点大学外的其他高校加大资助力度，促进教育资源的均衡分配。学校也要加大对科研经费的投入，将学生创新能力的培养与科研相结合，增强合作意识和团队意识。促进高校学生和老师与其他高水平大学、甚至国际高校的互聘互换，拓宽师生学术视野。

# 参考文献

[1]李长．后现代教育思想指导下的汉语言文学教学方法分析[J]．现代交际，2016（8）．

[2]蓝贤发.后现代教育思想背景下的汉语言文学教学研究[J].群文天地，2012（12）．

[3]朱峰．有关现代教育思想的汉语言文学教学探讨[J]．吉林广播电视大学学报，2012（2）．

[4]石慧．论后现代教育思想下的汉语言文学教学[J]．教育教学论坛，2011（5）．

[5]陈文蓉.审美教育在汉语言文学中的渗透研究[J/OL]．北方文学（下旬），2017，（6）：157-158．

[6]牛朝霞．地方高师院校中文本科生实践教学现状调查与分析——以长治学院汉语言文学专业为例[J]．长治学院学报，2016，33（6）：94-96．

[7]顾路路．汉语言文学专业建设视阈下的文学社团建设路径探析[J]．新丝路（下旬），2016，（3）：130+132．

[8]李蕾．学习型城市中市民的汉语言文学学习需求调查与开放教育的教改策略探索[J]．当代继续教育，2016，34（02）：21-25．

[9]王蕾滋．新媒体环境下汉语言文学教学优化策略[J]．新西部（理论版），2016，（4）：115+114．

[10]王洁琼，章国豪．关于少数民族大学生的汉语言文学教学的研究[J]．才智，2015，（29）：67-68．

[11]熊北雁.互联网时代下的汉语言文学经典阅读体验研究[J].中国战略新兴产业，

2017（16）：37.

[12]司晶卉. 网络语言对汉语言文学发展的影响[J]. 考试周刊，2017（20）：139-142.

[13]翁少娟. 关于新建应用型本科院校汉语言文学专业转型的若干思考[J]. 广西教育学院学报，2017（1）：78-82.

[14]贾佳. 浅谈汉语言文学的追求和人的涵养[J]. 长江丛刊，2017（14）：44-44.

[15]彭晓兰. 浅谈汉语言文学的追求和人的涵养[J]. 课程教育研究：学法教法研究，2017（29）：44-45.

[16]陈文蓉. 审美教育在汉语言文学中的渗透研究[J]. 北方文学（下旬），2017，6：157-158.

[17]吕绍泽. 试论汉语言文学教学方式的创新[J]. 新西部（理论版），2015，24：152-152，151.

[18]张才忠. 试析汉语言文学教学方式的创新[J]. 成功（教育），2013，4：99.

[19]刘颖. 基于现代教育思想下的汉语言文学教学分析[J]. 科技资讯，2014，（32）：154.

[20]靳喜娜. 浅谈提高汉语言文学教学质量的途径[J]. 大观，2016，（9）：176.